顾　问：徐在国

主　编：唐更生　阚绪杭

副主编：孙　洋　朱　江　余建民

参加工作人员：

　　　唐更生　朱　江　阚绪杭　孙　洋

　　　汪　会　余建民　张　斌　崔建俊

　　　张善玲　李鹏辉　王　翔　袁　媛

照相、拓片：王维凤　金春刚　阚绪杭

凤阳明中都字砖

（上册）

凤阳县文物管理所　编著

唐更生　阚绪杭　主编

文物出版社

北京·2016

图书在版编目（CIP）数据

凤阳明中都字砖 / 唐更生, 阚绪杭主编；凤阳县文物管理所编著.
-- 北京：文物出版社, 2016.6

ISBN 978-7-5010-4603-4

Ⅰ.①凤…　Ⅱ.①唐…　②阚…　③凤…　Ⅲ.①古砖—古文字
—研究—中国—明代　Ⅳ.①K877.94

中国版本图书馆CIP数据核字（2016）第119112号

凤阳明中都字砖

编　　著：凤阳县文物管理所

主　　编：唐更生　　阚绪杭

责任编辑：黄　曲

责任印制：张　丽

出版发行：文物出版社

社　　址：北京市东直门内北小街2号楼

邮　　编：100007

网　　址：http://www.wenwu.com

邮　　箱：web@wenwu.com

经　　销：新华书店

印　　刷：北京鹏润伟业印刷有限公司

开　　本：889mm×1194mm　1/16

印　　张：30.5

版　　次：2016年6月第1版

印　　次：2016年6月第1次印刷

书　　号：ISBN 978-7-5010-4603-4

定　　价：480.00元（全二册）

编辑凡例

一、本书分上、下两册。上册为正文和字砖拓片，下册为附录和图版。

二、本书共收录字砖标本 482 块。

三、本书收录的字砖拓片说明包括：整理编号、砖文位置、书写模式以及砖文内容等项。图版部分字砖说明则只简单记录整理编号和砖文内容。为便于检索，专门制作《字砖整理登记一览表》，并增录城砖尺寸、重量等项，附于书后。

四、本书字砖释文采用简体字。通假字原文照录，如"总其"、"小其"；异体字加括号注出正字，如"捴（总）其"。缺字或不识的字用□表示。残缺漫漶的砖文，比照其他字砖砖文可补录的，加［］表示。模糊不清，略可辨识的砖文，在砖文外加方框表示，如"圄圌"。

五、本书附录分为两种：一种是对城墙砖的检测分析，一种是节录前人研究成果中关于字砖的介绍和论文。

唐更生

1963年生，安徽省凤阳县府城镇人，中共党员。凤阳县文物管理所所长、凤阳县博物馆馆长，大明旅游总公司董事长，文博馆员。中国紫禁城学会会员，安徽省文物学会常务理事，安徽省博物馆学会理事，安徽省考古学会会员，朱元璋研究会副秘书长等。1980年参军，1984年退伍后一直在凤阳县文物管理所从事文博研究和业务管理工作。参加了凤阳县卞庄钟离墓和金董大古堆龙山时期文化遗址等重要考古发掘，参加第二次、第三次全国不可移动文物普查和第一次可移动文物普查等工作。特别是配合和完成了国家和省级文物主管部门制定凤阳县明中都城与明皇陵大遗址保护规划及诸多文物修复方案编制。主持凤阳县新建博物馆陈列布展和文物整理研究等工作。先后获得滁州市"劳动模范"称号和滁州市第二、三届"文化百优先进个人"等。出版《凤阳明皇陵建制与石刻艺术》（副主编），参加整理、编撰出版《凤阳大东关与卞庄》，发表《明中都皇城内外金水河》、《浅析明中都兴废与凤阳花鼓的形成》、《刍议明中都历史价值和明中都皇城城墙申报世界文化遗产的意义》等论文多篇。

阚绪杭

1949年1月生，安徽省明光市（原嘉山县）人，中共党员。安徽省文物考古研究所二级研究员，安徽省文物学会副理事长。享受国务院特殊津贴和安徽省政府特殊津贴，省直宣口"四个一批"拔尖人才等。1968年至1971年参军，1972年至1975年在南京大学考古专业就读，毕业后至2009年退休前一直在安徽省文物考古研究所工作。20世纪70年代以来深入田野考古调查与发掘研究，确立了薛家岗文化、侯家寨文化、双墩文化等新石器时代考古学文化，取得柳孜隋唐中国大运河考古及钟离国墓葬等重大考古成果，填补了安徽这块处女地多项考古空白，揭开了安徽考古事业的新篇章。柳孜大运河考古和蚌埠双墩春秋钟离君柏墓考古获得"全国十大考古新发现"，还获得国家文物局科学技术进步和田野考古技术两项三等奖。出版《淮北柳孜大运河遗址》、《蚌埠双墩——新石器时代遗址发掘报告》（上下册），获得安徽省社会科学一、二等两项著作奖。还出版《凤阳大东关与卞庄》、《钟离君柏墓》（上中下册）、《凤阳明皇陵建制与石刻艺术》等著作，发表《望江汪洋庙新石器遗址》、《潜山公山岗战国墓群发掘报告》、《试论淮河流域的侯家寨文化》、《安徽淮河流域的史前文明——双墩文化及其序列的初步探讨》等数十篇考古学报告与论文。

内容简介

　　本书是 2009 年至 2012 年第二次修复安徽凤阳明中都午门期间，从大量回收的明代中都建筑废砖中拣选出部分字砖，按照砖文内容进行分类整理编纂而成。凤阳明中都的营建用砖量之大至今无法统计，其中绝大部分砖无字，有字的砖只是少数。这次所收集的 480 余块字砖内容虽有一定的局限性，但砖文反映的内容还是比较丰富的，记载了当年烧砖有 13 府 34 县等地方政府单位，其地域范围遍及如今的安徽、江苏、江西、湖南、湖北五省。还有大量的砖是中都军队所烧制，其军队编制有留守司、凤阳卫、长淮卫、怀远卫等 17 个卫所及千户、百户、总旗、小旗等单位，基本反映了建造中都城的这一庞大的烧砖机构和劳役人群，实证当年千军万马营建中都的历史。中都字砖不仅仅是一种标识，更是一种文字记载，它填补了明代实物史料和历史文献的空缺，充分证明了砖文的历史价值更大于实际意义，砖就变成了文字和史料的载体。砖文中的简体字、假借字、随笔和造字等，说明它来自民间基层工匠之手，揭示了在汉字变体演进过程中的现象，起到了承载的作用。更重要的是在文字变革定型和书法艺术发展中具有创造性的价值和意义。本书出版可供历史学、文献学、考古学、古文字学和书法艺术等研究者参考。

Abstract

This is the compilation of the texts of the inscribed bricks collected from the debris of the Zhongdu (Middle Capital) City wall of the Ming Dynasty recovered during the second restoration of the Meridian Gate of the Zhongdu City in Fengyang County, Anhui from 2009 to 2012, and the inscriptions are classified by their contents. The total quantity of the bricks used in the construction of the Ming Zhongdu City cannot be calculated, and most of them have no inscriptions, the ones bearing inscriptions took only very small portion. The inscriptions of about 480 bricks collected in this compilation may have some limitations, but the contents of them are rather rich; for example, the inscriptions reflected that these bricks were made in at least 34 counties of 13 prefectures, the domains of which are distributed in present-day Anhui, Jiangsu, Jiangxi, Hunan and Hubei, in total five provinces; moreover, rather large quantity of the bricks were made by the army under the command of Zhongdu, the units of which noted in the brick inscriptions included the *liushousi* (regency), 17 guards and battalions including the Fengyang Guard, Changhuai Guard, Huaiyuan Guard, and the lower units such as *qianhu* (independent battalions), *baihu* (company), *zongqi* (platoon), *qi* (squad) and so on, all of which showed the huge scale of the brick-making organization and the laborer groups, and revealed the history of the construction by hundreds of thousands of military men and civilians. The brick inscriptions of the Zhongdu City are not only a mark but also a textual record: they filled up the blanks of the physical materials and historic literature about the Ming Dynasty, and fully proved that their historic values are much higher than their original meaning, and these bricks became the carriers of the texts and historic data. The simplified characters, loan characters, irregular writings and coined characters showed that these inscriptions were made by the craftsmen from the common people, and revealed some phenomena in the evolution procedure of the variants of the Chinese characters as a kind of carrier. What more important is that these inscriptions have creative values and meanings in the finalization processes of the Chinese characters and development of the calligraphic art. The publishing of this book provides materials and references for the researches on the history, philology, archaeology, paleography and calligraphy.

上册目录

插图目录

绪　言

一

2009 年至 2012 年在第二次维修凤阳明中都皇城午门过程中，凤阳县文物管理所从大量民间征集的明代中都城废旧建筑砖中拣选收集了 500 余块字砖。这些带文字的字砖均为明初开国皇帝朱元璋在他的家乡凤阳营建中都时专门烧制、使用的建筑用砖。这座当年初具规模的明代第一都城被罢建至今已经历 600 余年的风风雨雨，几经改朝换代，遭到了毁灭性的破坏，三道城墙和城内外建筑几乎荡然无存。至今尚保存有皇城（紫禁城）午门下半截、南城墙西段、西城墙、西华门和城内鼓楼建筑台基等原建筑遗存以及一些城内外建筑遗址（彩版一、二）。被称为明代第一陵园的朱元璋父母的皇陵，如今也仅存神道石像生群、墓碑、享殿基址和墓冢遗迹了。中都城营建的龙兴寺经历代重建至今尚存。20 世纪 90 年代之前的凤阳县县城和周边乡村从房屋到猪圈、厕所，无一不是扒拆明代中都城建筑砖所建，城内外碎砖瓦砾遍地皆是。此次维修午门城墙征集的大量明代旧砖，均为历代人们反复拆建用过的中都城建筑砖。征集来的旧砖块多数残破缺损，污垢遍体，有的仅存半截或头部等，字砖铭文字迹多模糊不清或残缺不全。2012 年至 2013 年，我们对其进行了断断续续的整理，不清楚的文字相互印证辨识，这里选择 480 余块铭文保存比较多或字迹比较清晰的字砖，在砖铭辨识的基础上进行拓片、拍照，分类整理编纂成册，为学界提供最新的明代中都城建筑砖实物载体文献资料。

二

砖是广义的陶器，由黏土采用制陶工艺烧制而成，属于建筑用陶。如果说陶器是人类在万年前的一项伟大发明，而砖就是制陶业的一项创举，使陶由生活用具、工具进而演变或突变成为建筑材料，改变了人类的居住环境。追溯砖的源头大约与人类文明同步，考古证明砖的产生背景是人类最早建造的红烧土房子，目前在距今 7000 年前的蚌埠双墩新石器时代遗址中发现了红烧土房子墙壁夹柱孔红烧土碎块[1]，最直接的证据是在安徽省含山县凌家滩遗址发现距今 5000 年左右的水井壁已经使用方形红烧土块圈砌[2]。关于中国

---

[1] 安徽省文物考古研究所、蚌埠市博物馆：《蚌埠双墩——新石器时代遗址发掘报告》，科学出版社，2008 年。
[2] 凌家滩遗址考古发掘材料。

古代制砖的历史，现在我们至少可以追溯到西周时期。"在陕西扶风云塘西周晚期灰坑中发现一块残砖，复原长36、宽25、厚2.5厘米，正反两面印有绳纹，反面四角有乳丁。"[1]陕西"岐山贺家村东壕也有类似的薄砖出土。到了春秋时期，薄砖上出现饕餮或蟠虺纹饰。这种早期制造的薄砖是贴墙用的，起到保护和装饰土墙的作用，并非整体垒砌墙壁。战国至秦代砖业发展迅速，烧造技术有了显著地提高，除了生产贴壁、铺地的各种小型条砖、方砖外，还烧造大型空心砖用来构筑踏步台阶和墓室。秦都咸阳宫殿遗址出土有绳纹、回纹、曲尺纹、方格纹、平行线纹、太阳纹等各种花纹铺地砖，还有龙纹、凤纹空心砖，种类繁多，纹饰丰富是前所未有。西汉时期的大型建筑已普遍用砖铺地，空心砖墓室十分盛行。西汉中期以后出现了小砖室墓。大约在东汉时期，砖在民间才真正被广泛使用，是建造房屋、井壁、仓囷和墓葬等不可缺少的建筑基础材料。"[2]

传世典籍中有关砖的记载，如《诗经·陈风·防有雀巢》："中唐有甓，邛有旨鹝。"《说文·瓦部》："甓，瓴甓也。"再如《通典·诸卿下·将作监》："甄官署，令、丞一人。后汉有前、后、中甄官令，属将作。晋有甄官署，掌砖瓦之事。宋、齐、北齐、隋悉有之。大唐因之，掌营砖石瓷瓦。"[3]由此可知，古代先民很早就掌握了造砖技术并且较早在官方设立了制砖的监管之官。

砖作为建筑物的基础材料，其形状多根据需要设计制作，主要有长方形、方形、楔形等不同形状，历代砖的尺寸、大小、厚薄多有一些变化。砖不仅是建筑的基础材料，砖面上特制的花纹图案也起到室内装饰的作用。砖面上文字的出现赋予砖更多的功能，其历史价值更大于实际意义，砖就变成了文字和史料的载体。由于砖上的文字是民间工匠所为，在中国文字发展史上不仅起到承载的作用，更重要的是在文字变革定型中具有创造性的基础价值。

文字产生之前，古人在漫长年代里，历史的传承主要是口传身教和结绳刻记符号，随着万年以来陶器的发明，人们在陶器上创造了记事刻划符号，用它来帮助传递记忆，被学者们称为"陶文"，它记载着最古老的人类历史文明，开陶器为文字载体的先河。砖文是依存在砖面上的文字材料，以往将砖文、瓦文、陶制器物上的文字统称为陶文，并且延续了一段时间。张祖翼《遟盦古砖存序》谓："砖之为物至粗且贱者也。其为用则宫室道路极之天下万国而无地不有。其所刻则工匠徒隶，记录年月姓氏之字，与夫世俗富贵吉祥之语。而后世士大夫且不惜巨金以录之。得之者珍若鼎彝宝若圭璧，何哉？以其古也。古则粗者精之，贱者贵之矣。"张序正道出了砖的具体内容与独特价值，评价还是较为公允的。但是在传统的金石学领域里学者们对砖文不是很看重，或因砖文的内容鲜有涉及古书（内容多涉及监造人、制砖工匠的姓名、制砖地、吉语等，其应是古代"物勒工名，以考其诚"制度的体现），多反映的是底层百姓的生活，且制砖材料极其常见。但是随着相关研究的不断深入，学科逐渐趋于细化，砖文研究逐渐为学者所重

［1］罗西章：《扶风云塘发现西周砖》，《考古与文物》1980年第2期。
［2］王镛、李淼：《中国古代砖文》，知识出版社，1990年。
［3］（唐）杜佑撰：《通典》，中华书局，1988年。

视甚至独立成为一个门类。现在我们所能见到的与砖文相关的著录与研究著作主要有：
严福基《严氏古砖存》，吴廷康《慕陶轩古砖图录》，张问之《造砖图说》（或亡佚），
丁晏《淮安府城南宋古砖记》，陈璜《百甓斋古砖录》，陆心源《千甓亭古砖图录》与《千
甓亭砖录》、《千甓亭砖录续录》，吕佺孙《百砖考》，吴隐《遯庵古砖存》，冯登府《浙
江砖录》，宋经畲《砖文考略》，孙诒让《温州古甓记》，吴大澂《愙斋砖瓦录》，端方《陶
斋藏砖记》，高鸿裁《上陶室砖瓦文捃》，邹安《广仓砖录》，王树枏《汉魏六朝砖文》，
王振铎《汉代圹砖集录》，罗振玉《雪堂砖录》（《恒农砖录》、《楚州城砖录》、《砖
志征存》、《地券征存》），黄文弼《高昌砖集》，胡海帆、汤燕编著《中国古代砖刻
铭文集》，王克昌、韦立平、杨献文编著《明南京城墙砖文图释》，国家图书馆金石拓
片组编《陈介祺藏古拓本选编》，杨国庆主编《南京城墙砖文》。另外有《中国砖铭文
字征》、《中国砖铭》、《中国砖瓦陶文大字典》等工具类的书。近年来《考古》、《文
物》、《考古与文物》、《江汉考古》等期刊公布的砖文数量也不在少数，相关研究论
文也有很多，这里不一一列举。砖文内容广泛，总体有记事、记数、纪年、人名、地名等，
是研究历史和汉字字体演变定型以及书法艺术的重要资料。

三

明太祖朱元璋在得天下后命人在自己的家乡凤阳[1]修建了规模宏大的中都。然而朱
元璋最终定都南京，后明成祖朱棣又迁都至北京。这样一来，中都凤阳就废弃未用以致
逐渐败落。当时为了修筑中都城，朝廷命令各行省、府、州、县和驻军卫所等似就近择
土质优处烧制了大量的建筑用砖。我们从这批砖文涉及的地名来看，其烧砖单位大致处
在长江、淮河、赣江流域，如：安庆府、淮安府、镇江府、扬州府、抚州府、赣州府、
饶州府、吉安府、建昌府、临江府、南昌府、武昌府、黄州府、袁州府、广信府等，分
属今安徽、江西、江苏、湖南、湖北省。《天工开物·陶埏第十一》："凡埏泥造砖，
亦掘地验辨土色，或蓝或白，或红或黄（闽、广多红泥，蓝者名善泥，江、浙居多），
皆以黏而不散、粉而不沙者为上。"潘吉星认为：原文为"江浙"，应理解为浙江，今
江苏省在明代属应天府或南京直隶，没有建省[2]（按：元代曾置江浙省行中书，治杭州路。
明改行省为承宣布政使司）。从这批砖文所记烧砖单位来看，此"江浙"之"江"盖是指"江
西"一地，其与明代江西所辖地域是符合的。

下面，我们从凤阳明中都城铭文砖的制作、规格、内容与格式这几个方面对这批铭
文砖做简单的介绍：

（一）制作

凤阳明中都城砖铭文的制作主要包括范制和刻划两种。其中范制即模印（包括戳印类），
如模印阳文、模印阴文、反字模印阳文、戳印阳文、戳印阴文等。刻划而成的有刻划阴文、

[1]（清）张廷玉（实为修订，下同）等撰：《明史·地理志》卷四十：凤阳府"太祖昊元年升为临濠府。洪武二年九月建中都，置留守司于此。
六年九月曰中立府。七年八月曰凤阳府。"中华书局，1974年。
[2]潘吉星译注：《天工开物译注》，上海古籍出版社，1998年。

草书阴文、手写阴文等。其中刻划类铭文砖多是湿刻而成。从写刻的角度，依据砖文的制作技法，学者对其曾做过很好的分类总结。如：砖文从制作方法来划分，可分为范制、刻划和书写三类。范制砖文也称模印砖文，是制砖时在砖坯上印上文字、戳记，或用带有文字的范模翻制砖坯并经烧制后形成的砖文。范制砖文多表现为阳文。刻划砖文是在砖坯上划写文字后烧制，或直接在成品砖上凿刻形成的砖文。刻划砖文多表现为阴文。书写砖文则是用毛笔直接在砖面上书写而成的砖文。[1] 此分类对于凤阳砖文的制作也是适用的。

（二）规格

这批铭文砖的规格从长 35.5、宽 17.5、厚 8.5 厘米，重 9.5 千克的小型砖（如 FZB：275 号字砖，除残砖外）到长 43、宽 20、厚 14 厘米，重 21.5 千克的巨型砖（如 FZB：325 号字砖）不等。

（三）内容与格式

砖上的文字大多数位于砖的头部或侧边，少数在平面上。砖铭的内容及格式，赵超先生依据古代砖铭材料，从宏观的角度将砖文分为三类[2]：

1. 利用建筑用砖或特别制作的砖作为材地，刻为铭文表达一定的实用内容，如汉代的刑徒砖铭，自汉代与以后长期流行的买地券、镇墓券，汉代的墓砖题记，南北朝以来广泛使用的砖墓志等。

2. 表明工匠制作生产时的有关记录文字，如数量、日期、工匠姓名、有司名称、地名等。有些要在建筑时按照一定的顺序砌置的砖材上还刻写有编号、位置、次序等字样。

3. 工匠在制作砖坯时随意刻画的文字。它们中大多没有任何实际意义的随笔。像安徽亳县曹操宗族墓出土的很多件砖刻就是如此。

凤阳明中都城砖，我们根据目前所收集到的铭文字砖的具体内容进一步分为以下几项：

1. 军卫铭文字砖

记录制砖人的姓名、其所属军卫、监造人官职、制造地等。这批军卫砖内容所涉军卫官职等包括：凤阳卫左所百户、凤阳卫右所百户、凤阳卫中左所百户、凤阳卫中右所百户、凤阳卫后所百户、凤阳卫后所监工百户、长淮卫后所百户等；另有留守司右所百户、留守司后所百户、留守司左千户所百户、留守司右千户所百户、留守中左所百户、留守中右所百户和怀前、怀后、怀左、百户、总旗等。这类砖文较有代表性的格式有：凤阳卫＋某所百户人名＋捻（总）其（旗）人名＋小其（旗）人名＋军人名造。如 FZB：342 号字砖："凤阳卫左所百户成俊下捻（总）其（旗）阮进成小其（旗）祁淮安军杨成造"。此砖文格式基本包含了其他几类砖文内容格式。《明史·职官五》："洪武二年诏以临濠为中都，置留守卫指挥使司，隶凤阳行都督府。十四年始置中都留守司，统凤阳等八卫（凤阳卫、凤阳中卫、凤阳右卫、皇陵卫、留守左卫、留守中卫、长淮卫、怀远卫），防护皇陵，设留守一人，左、右副留守各一人。"[3] 又《明史·地理一》："凤阳，洪武七年八月

［1］胡海帆：《中国古代刻字砖综述》，见胡海帆、汤燕编著《中国古代砖刻铭文集》，文物出版社，2008 年。
［2］赵超：《中国古代砖刻铭文集（序言）》，见胡海帆、汤燕编著《中国古代砖刻铭文集》，文物出版社，2008 年。
［3］（清）张廷玉等撰：《明史·职官志》卷七十六，中华书局，1974 年。

析临淮县地置，为府治。……洪武二年置卫。西北有长淮关，洪武六年置长淮卫于此。"[1]
砖铭中的凤阳卫、长淮卫隶属明中都留守司，与《明史》所载相合。在这类砖中有一块
砖（FZB：468 号字砖）较为特殊，其文字是后刻的（是干刻而成），并且是刻在砖面上
而非砖的头部，其内容如下："凤阳卫后所监工百户徐琏（玺）捴（总）旗□全砌城一
丈四尺八寸北至百户成雄南至百户阮泰洪武十七年十月　日"，涉及施工要求并有确切
纪年洪武十七年（1384 年），据此我们可知其烧造或建造的具体时间。

以上砖铭中所涉某卫、某所，是当时明朝以武功定天下，革元之旧制，自京师到郡
县皆立卫、所的反映。数府划为一个防区设卫，下设千户所和百户所。各卫、所分属于
各省的都指挥使（都司），由中央的五军都督府分别管辖。再如"捴其（总旗）、小其
（旗）"反映的则是当时的军事编制。明代所下设总旗，其军队编制五十人为总旗，十
人为小旗。《明史·职官五》："凡军政，卫下于所，千户督百户，百户下总旗、小旗，
率其卒伍以听令。……凡一卫统十千户，一千户统十百户，百户领总旗二，总旗领小旗五，
小旗领军十。至是更定其制，每卫设前、后、中、左、右五千户所，大率以五千六百人
为一卫，一千一百二十人为一千户所，一百一十二人为一百户所，每百户所设总旗二人，
小旗十人。"[2]由此可见，砖文内容是可以与史书相合的，据之可达到王国维先生所谓：
"既据史传以考遗刻，复以遗刻还正史传"[3]的效果。

2. 记名式铭文字砖

记录烧砖的地名和监造之官及窑匠的姓名等。由于这类砖文都带有地名，我们按现
在的行政区域将其归为四类：

（1）江西地名砖

归属江西的制砖地有：南昌府、饶州府、广信府、建昌府、抚州府、吉安府、临江府、
袁州府、赣州府及其下辖州、县。其中属南昌府治下的有南昌县、进贤县、靖安县、新建县、
南丰县、奉新县；广信府治下的有永丰县、贵溪县；建昌府治下的有南丰县、广昌县；
抚州府治下的有临川县；吉安府治下的有庐陵县、泰和县、吉水县、万安县；临江府治
下的有清江县、新淦县、新喻县；袁州府治下的有宜春县、分宜县、萍乡县；赣州府治
下的有宁都县、赣县、安远县、会昌县、龙南县。FZB：214 号字砖铭文为"赣州府宜都
县造"。"宜都县"为赣州府的下辖县，依《赣州府志》："洪武二年己酉改路曰府领
县十（赣、雩都、信丰、兴国、会昌、安远、宁都、瑞金、龙南、石城），隶江西布政司，
道曰岭北云地方千百五十里。"[4]可知 FZB：214 号字砖应为"宁都县"而非"宜都县"。
FZB：406 号字砖"赣府瑞"应是"赣州府瑞金县"的省称。

（2）江苏地名砖

通过梳理收集的地名砖砖文，其所涉的仅归属江苏的地名主要有淮安府、镇江府、

[1]（清）张廷玉等撰：《明史·地理志》卷四十，中华书局，1974 年。
[2]（清）张廷玉等撰：《明史·职官志》卷七十六，中华书局，1974 年。
[3]王国维：《宋代之金石学》，《王国维遗书》（第 5 册），上海古籍出版社，1983 年。
[4]《赣州府志》卷一，天一阁藏明代方志选刊，1962 年上海古籍书店据天一阁藏明嘉靖刻本影印。

扬州府及其下辖州、县。其中淮安府下辖的有盐城县、安东县、桃源县、沭阳县、海州及赣榆县；扬州府下辖的有高邮州、通州、兴化县、泰兴县、海门县；镇江府下辖的有丹徒县、丹阳县、金坛县。这些都可成为《明史·地理志》所载之佐证。

（3）安徽地名砖

明代安庆府下辖潜山县、太湖县、怀宁县、望江县、宿松县、桐城县六县。此次所收集字砖砖文有："安庆府潜山县造"（如 FZB：272、280），"安庆府宿松县"（如 FZB：274），"安庆府太湖县"（如 FZB：267、275），"安庆怀宁县"（如 FZB：268、281），"安庆府望江"（如 FZB：273），"安庆府桐城县"（如 FZB：276）。砖文内容所记地名与史实吻合。

（4）湖南、湖北地名砖

此次收集的数量较少，只有 3 块，如 FZB：183、184 号字砖文字为"龙阳县"；FZB：282 号字砖文字为"黄州府造"。《明史》卷四十四记：龙阳县在常德"府东，少南。元龙阳州。洪武三年三月降为县。旧治在东，今治景泰元年十二月所徙"。据此可知烧砖时间应在洪武三年以后。《明史》卷四十四又记：黄州府"元黄州路，属河南江北行省。太祖甲辰年为府，属湖广行省。九年属湖广布政司，寻改属河南"。

3. 纪年字砖

记载砖烧制的年号信息等。凤阳铭文砖基本上是在洪武年间烧制的。我们选取较为完整、有代表性的几种砖文：如 FZB：177 号字砖，"临江府新淦县洪武四年均工夫造"；FZB：74 号字砖，"五年"；FZB：155 号字砖，"淮安府海州提调判官刘子实司吏徐庸作匠朱惠山洪武七年　月　日造"；FZB：387 号字砖，"镇江府金坛县提调官主簿田仁美刘谅司吏汤敬作匠洪武七年三月二日"；FZB：428 号字砖，"南昌府进贤县九年二月"；FZB：62 号字砖，"留守□中□（所）百户王□所洪武十年"；FZB：64 号字砖，"□州府□□□官判官王□□司吏陈□□□作匠涂圣□洪武年　月　日"。

纪年字砖所记年号有洪武四年、五年、洪武七年二月、洪武七年、洪武七年三月、九年二月、洪武十年、洪武年。其中"洪武年"格式较为独特。由于"年"字前看不清是否有字，或许是"九"的残字，细辨之无字，此盖为洪武元年，避讳而省称。

纪年砖 FZB：67、177、238、460 号字砖铭文中出现了"均工"、"均工夫"，反映了当时的劳役制度等。《明史》卷七十八："役法定于洪武元年。田一顷出丁夫一人，不及顷者以他田足之，名曰均工夫。寻编应天十八府州，江西九江、饶州、南康三府均工夫图册。每岁农隙赴京，供役三十日遣归。"[1]

草书铭文砖 FZB：144-2 记"乙卯"，是这批砖文中仅见的干支纪年的铭文砖。

4. 字号铭文字砖

均为军卫所烧制，可称为军卫字号砖。在凤阳中都城这批砖文中常见。

从这些字号砖的内容来看，其分类和排列是有规律可循的。归纳起来主要有以下几

---

[1]（清）张廷玉等撰：《明史·食货志》卷七十八，中华书局，1974 年。此亦见于《明史纪事本末》。

种分类标准：来源于五德的"温、良、恭、让"字号砖；来源于五常的"仁、义"字号砖；来源于五行的"金、木、水、火、土"字号砖；来源于天干的"戊"字号砖；依据四季的"夏、秋"字号砖；依据五音的"商"字号砖；依据四方的"玄（南方）"字号砖；依据六艺的"乐"字号砖；依据千字文的"中"字号砖。另外还有按照"明"等字号排列的字号砖。这些字号式铭文砖的内容反映了那个时代人民的思想观念与精神追求。另外，我们能见到"明字二号"铭文字砖，说明在明代早期避讳不是特别的严格，特别是在下层百姓中。虽然当时朝廷有将"明州"改名为"宁波"之先例。

5. 随笔式铭文字砖

造砖人在制砖过程中随手写下的文字或符号，有些我们并不清楚其具体的含义。如FZB：138 号字砖，"行何时"；FZB：277 号字砖，"廿"；FZB：374 号字砖，"包山砖"，或为当时烧砖的窑址，具体待考。

6. 吉语式铭文砖

如 FZB：140 号字砖，"天下太平"，是人民向往和谐、太平、安定生活的明证。

四

凤阳中都城字砖铭文的价值与意义：

（一）中都字砖铭文是一种重要的实物文献资料载体，证实或填补了明代历史研究实物史料的空缺。

凤阳字砖数量大，铭文内容丰富。从文献学的角度来看，砖文不仅丰富了文献的种类，同时还为传世典籍提供了旁证，可使之与传世文献相互印证。例如明代军队编制"总旗"在砖文中或作"捻其"、"惣其"、"捻旗"，印证了典籍中"其"与"旗"的相通。《史记·天官书》："正旗上出，破军杀将，客胜。下出，客亡地。"《汉书·天文志》"旗"作"其"。《史记·封禅书》："候独见填星出如瓜。"《索隐》："乐彦、包恺，并作旗星。"《孝武本纪》作"其星"[1]。

砖文是明代历史研究的真实史料，其最重要的价值在于其真实性。砖文所记内容有着重要的历史文化价值，对研究凤阳中都城的营建和历史有着不可替代的作用。砖铭记载内容涉及明初的地方官制、基层组织制度、军事制度、行政区划、工官制度、交通运输等等，据之可以补证《明史》，对《明史》"职官志"、"地理志"、"兵志"、"食货志"中的记载提供了实物证据。这批砖文内容所涉地名众多，既可以显示出那个时期的造砖规模巨大、窑址分布极其广泛，又能在考古学上得到印证。20 世纪末，考古发掘发现了许多明代烧砖窑址。如安徽省繁昌县新港、新淮两地和崔山乡董家村窑址[2]，江西省抚州市临川区云山镇汤周村附近窑址，江西省宜春市等地区发现的窑址。另外，2007 年南京明城垣史博物馆组队考察时，在江西分宜县也发现了大规模的明初城砖官

---

[1] 转引自高亨：《古字通假会典》，齐鲁书社，1997 年。
[2] 南京市明城垣史博物馆：《安徽繁昌明城砖窑址调查报告》，《东南文化》1999 年第 5 期。

窑[1]。由于当时在营建中都的同时还在扩建南京城，所以对砖数量上的需求是极大的。又因砖较为笨重，陆地运输成本较大且容易对砖造成损坏，这批砖的运输应该主要是靠水路运来的，从窑址的分布情况我们即可看出。同时这些砖又为当时的烧造技术提供了实物证据，是明代制砖做范水平的真实反映。再者，这批砖铭还可以与同时期修建的南京明城墙砖砖文的内容进行比较研究[2]。根据凤阳境内明代中都城周边发现多处大型砖窑场和窑炉内装满所烧的军卫铭文砖来看，营建中都城的砖大都是在当地建窑烧制的。各个地方砖也可能是派夫来当地烧制的。

（二）砖文具有重要的语言文字学的价值，历代砖文揭示了在汉字变体演进过程中的现象，对汉字发展定型具有重要的意义。

凤阳中都城铭文砖在语言文字学方面为词汇、语法、字形、字用、书体研究提供第一手的材料，它同时是明代汉字形体的实物依据。古今汉字的发展变化都是传承有序的，研究汉字应该源流并重，早期古文字是源头，后世各个时代的文字是流。明代文字是中古汉字发展过程中非常重要的一个环节，通过对这批文字材料的分析可窥其一斑。对这批文字材料的考察可以揭示出汉字发展过程中多种文字现象。有俗字、繁简字、异体字、通假字，如贑（赣）、旗（其）、总（摠、捴）等文字现象。

（三）砖文在书法艺术的研究上具有重要的意义。

砖文书法早在汉代就已经基本成熟了。在那个时期，已经在注重文字间架结构的同时融合了多种书法的表现形式，从中可以反映出当时文字由篆到隶过渡阶段的字体特征。如"海内皆臣，岁登成孰（熟），道毋飢人，践此万岁"砖。凤阳中都城砖上的这些砖铭是篆、隶、行、草、楷五体兼备的。其中以楷书为主，可以明确地反映出明代楷书的基本面貌。鉴于中都与帝王关系密切，曾经也是盛极一时，所以这些楷书砖文的书写还有些"馆阁体"味道的。另外，这批砖文中，隶书亦占有一定的比例，如 FZB：423 号砖"吉安府庐陵县"等，文字书写规整严谨。再者，还有一些篆书砖文如 FZB：237 号砖"吉安府泰和县"等，在一定程度上可以反映出明代的篆文发展水平。总之，砖文书法形成了自己独立的一个书法风格，既具备了玺印文字的特征，又有着自己的肆意与洒脱。

以上所述，只是对凤阳中都城铭文字砖及其相关问题的一些简单介绍，难免误漏。随着这批砖文材料的公布，今后一定会有更多发现。总之，砖文材料在历史文化研究的领域里有着其独特价值。它不仅能为历史学、文献学、考古学、古文字学和书法研究提供实物依据，还能反映出古代社会生活方方面面的讯息，对明代社会史的研究也是大有裨益的。古砖文材料，正如张祖翼在《遯盫古砖存序》中所谓："夫古人不得见矣，居今之世而欲与古人相接触，其惟古之遗文与遗物或可搜求一二，而得考古之风俗好尚，岂不幸与。砖其小焉者也，顾何以粗贱而忽之哉！"今得见之，可谓幸矣！收集整理的这批凤阳明代中都字砖铭文是非常重要的，值得我们认真探索研究。

---

[1]夏维中、杨国庆：《南京明代城墙砖文的历史价值——代绪论》，南京市明城垣史博物馆编《南京城墙砖文》，南京师范大学出版社，2008年。
[2]可参考《明南京城墙砖文图释》（广陵书社，1999年）、《南京城墙砖文》（南京师范大学出版社，2008年）等书。

第一章　地方字砖

　　地方字砖，俗称地名砖，指明代洪武年间（1368~1399年）朝廷分派给各地方府、州、县为营建凤阳明中都所烧造的砖。各地方烧造的砖是营建凤阳明中都主要的烧砖来源之一，本书收集整理的地方字砖标本数量最多。从目前发现的字砖砖文内容来看，当年烧砖的这些地方相当于现在的安徽、江苏、江西、湖南、湖北等五个省级行政区划内所辖的13府3州34县。字砖铭文字数不一，多数以府或府、县为单位署名，少数以州或州、县来署名。在一个大的区域内，字砖铭文内容与格式基本相同，即相当于现在的省级区划内的各个烧砖单位其砖文的内容与格式基本一致。

第一节　江西省地方字砖

　　今江西省区域内各地方府、县为营建凤阳明中都烧砖的有：南昌府、吉安府、广信府、袁州府、赣州府、抚州府、临江府、建昌府、饶州府等9府和进贤县、南昌县、新建县、奉新县、靖安县、吉水县、泰和县、庐陵县、万安县、广昌县、南丰县、永丰县、贵溪县、萍乡县、分宜县、宜春县、宜都县（为宁都县）、赣县、安远县、龙南县、会昌县、临川县、金溪县、新喻县、新淦县、清江县等26个县。字砖铭文比较简单，署名府、县二级烧制单位等。

　　字砖铭文内容格式有：

　　××府；

　　××府造；

　　×府瑞；

　　××府××县××；

　　××府××县造；

　　××府××县地□字号；

　　××县；

　　××县造；

　　××府××县××造；

　　××府××县砖；

××府 ××县九□（都）；

××府 ××县洪武四年均工夫造；

××府 ××县十一都均工夫造。

一 南昌府

南昌府及其属县为烧砖单位的字砖标本。其中：

南昌府字砖标本：FZB：250、416、284、294、404（图一、二；彩版三、四）。

南昌府进贤县字砖标本：FZB：114、192、208、243、283、291、299、403、408、409、420、425、426、428（图三~六；彩版五~一〇）。

南昌府南昌县字砖标本：FZB：186、188、189、194、199、206、209、212、219、228、231、232、241、248、261、262、266、286、302、396、400、407、411、415、422、429、441（图七~一九；彩版一一~二二）。

南昌府靖安县字砖标本：FZB：227（图二〇，1；彩版二三，1）。

南昌府新建县字砖标本：FZB：190、197、255（图二〇，2；图二一；彩版二三，2；彩版二四）。

南昌府奉新县字砖标本：FZB：202、289、301（图二二；彩版二五）。

二 吉安府

吉安府及其属县为烧砖单位的字砖标本。其中：

吉安府字砖标本：FZB：230、265（图二三，1、2；彩版二六）。

吉安府吉水县字砖标本：FZB：191、201、251、292、427（图二三，3；图二四；图二五，1；彩版二七、二八）。

吉安府泰和县字砖标本：FZB：193、196、233、237、242、244、399（图二五，2；图二六~二八；彩版二九~三一）。

吉安府庐陵县字砖标本：FZB：141、252、293、296、423、459（图二九~三一；彩版三二~三四）。

吉安府万安县字砖标本：FZB：235、245、246、410（图三二、三三；彩版三五、三六）。

三 广信府

广信府及其属县为烧砖单位的字砖标本。其中：

广信府永丰县字砖标本：FZB：298（图三四，1；彩版三七，1）。

广信府贵溪县字砖标本：FZB：223（图三四，2）。

四 袁州府

袁州府及其属县为烧砖单位的字砖标本。其中：

1. FZB：250，字位于侧边，戳印阴文："南昌府"　　2. FZB：416，字位于侧边，戳印阴文："南昌府"

0　　　　　5厘米

图一　南昌府字砖

3. FZB：404，字位于头部，戳印阳文："南昌府"

2. FZB：294，字位于头部，模印阳文："南昌府"

1. FZB：284，字位于头部，模印阳文："南昌府"

图二　南昌府字砖

0　　　　　5 厘米

3. FZB：208，字位于头部，戳印阳文："南昌府进贤县"

0　　　　　　5 厘米

图三　南昌府进贤县字砖

2. FZB：192，字位于头部，模印阴文："南昌府进贤县"

1. FZB：114，字位于头部，模印阴阳文："南昌府进贤县地□字号"

1. FZB：243，字位于头部，戳印阴文："南昌府
　　进贤县"

2. FZB：283，字位于头部，戳印阴文："南昌府进贤县"

3. FZB：291，字位于头部，模印阳文："南昌府进
　　圐圙"

4. FZB：299，字位于头部，模印阳文："南
　　昌府进贤县"

0　　　　　　　5厘米

图四　南昌府进贤县字砖

1. FZB：403，字位于头部，模印阳文："南昌府进贤县"

3. FZB：409，字位于侧边，模印阴文："南昌府进贤县"

0 ————— 5厘米

2. FZB：408，字位于头部，戳印阴文："南昌府进贤县"

图五　南昌府进贤县字砖

1. FZB:420,字位于头部,模印阳文:"南昌府进贤县"

2. FZB:425,字位于头部,模印阳文:"南昌府进贤县"

3. FZB:426,字位于头部,戳印阴文:"南昌府进贤县"

0　　　　　　　5厘米

图六　南昌府进贤县字砖

4. FZB:428,字位于头部,模印阴文:"南昌府进贤县九年二月"

1. FZB：186，字位于侧边，模印阳文："南 2. FZB：188，字位于侧边，戳印阳文：
　昌府南昌县" 　"南昌府南昌县"

0   4厘米

图七 南昌府南昌县字砖

1. FZB：189，字位于侧边，戳印阳文："南昌府南昌县"　　　2. FZB：194-1，字位于侧边，戳印阳文："南昌府南昌县"

0 ⊢——⊣ 4厘米

图八　南昌府南昌县字砖

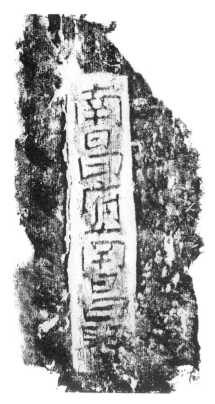

2. FZB：199，字位于头部，戳印阳文："南昌府南昌县"

3. FZB：206，字位于侧边，刻画阴文："南昌府南昌囼"

1. FZB：194–2，字位于头部，戳印阳文："南
昌府南昌县"

0 —————— 4厘米

图九　南昌府南昌县字砖

　　袁州府字砖标本：FZB：414（图三五，1）。

　　袁州府萍乡县字砖标本：FZB：203、300、418（图三五，2；图三六、三七；彩版三八）。

　　袁州府宜春县字砖标本：FZB：225、226、229、258~260、285、288、295、398、421（图三八~四三；彩版三九~四二；彩版四三，1）。

　　袁州府分宜县字砖标本：FZB：421（图四三，2；彩版四三，2）。

五　赣州府

　　赣州府及其属县为烧砖单位的字砖标本。其中：

　　赣州府字砖标本：FZB：198、213、215、221、236、239、240、247、249（图四四~四六；图四七，1；彩版四四~四七）。

　　赣府瑞字砖标本：FZB：406（图四七，2；彩版四八，1）。

　　赣州府宜都县字砖标本：FZB：214（图四八，1；彩版四八，2）。

　　赣州府安远县字砖标本：FZB：257（图四八，2；彩版五〇，1）。

　　赣州府赣县字砖标本：FZB：224、234（图四九，1、2；彩版四九）。

1. FZB：209，字位于侧边，模印阳文："南昌　　　　　2. FZB：212，字位于侧边，模印阳文："南
　　府南昌县"　　　　　　　　　　　　　　　　　　昌府南昌县"

0 └─────┘ 4 厘米

图一〇　南昌府南昌县字砖

1. FZB：219，字位于侧边，戳印阴文：　　　　2. FZB：228，字位于侧边，戳印阳文："南昌
　　"南昌府南昌县"　　　　　　　　　　　　　　府南昌县造"

0   4厘米

图一一　南昌府南昌县字砖

1. FZB：231，字位于侧边，戳印阴文："南昌府南昌县造"

2. FZB：302，字位于侧边，戳印阴文："南昌府南昌县造"

0 　　　　　　　4 厘米

图一二　南昌府南昌县字砖

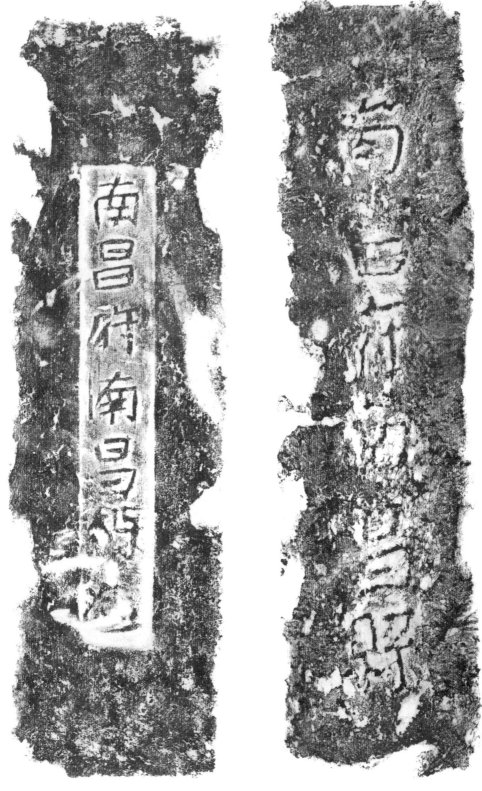

1. FZB：232，字位于侧边，戳印阳文："南昌府 南昌县造"

2. FZB：241，字位于侧边，模印阳文："南昌府 南昌县"

0　　　　4厘米

图一三　南昌府南昌县字砖

1. FZB：248，字位于侧边，戳印阳文："南昌府　　　　　2. FZB：261，字位于侧边，戳印阳文：
　南昌县"　　　　　　　　　　　　　　　　　　　　　　　"南昌府南昌县"

图一四　南昌府南昌县字砖

2. FZB：266，字位于头部，戳印阴文："南昌府南昌县"

3. FZB：422，字位于头部，模印阳文："南昌府南昌［县］"

1. FZB：262，字位于侧边，戳印阴文："南昌
　府南昌县"

图一五　南昌府南昌县字砖

1. FZB：286，字位于侧边，模印阳文："南昌　　　　　2. FZB：396，字位于侧边，模印阳文："南昌府
　　府南昌县"　　　　　　　　　　　　　　　　　　南昌县"

0 ├———————┤ 4 厘米

图一六　南昌府南昌县字砖

1. FZB：400，字位于侧边，刻画阴文："南昌府南昌县"　　2. FZB：407，字位于侧边，刻画阴文："南昌府南昌县"

0 ————— 4 厘米

图一七　南昌府南昌县字砖

1. FZB：411，字位于侧边，刻画阴文："南昌府　　　　2. FZB：415，字位于侧边，戳印阳文："南昌府
　　南昌县"　　　　　　　　　　　　　　　　　　　　　　南昌县"

0 ┴——————┴ 4厘米

图一八　南昌府南昌县字砖

1. FZB：429，字位于侧边，模印阴文："南昌府
　　南昌县"

2. FZB：441，字位于侧边，戳印阴文："南昌府
　　南昌县"

0 ———— 4厘米

图一九　南昌府南昌县字砖

1. FZB：227，字位于侧边，模印阳文："南昌
府靖安县"

2. FZB：190，字位于侧边，模印阳文："南昌府新建县上"

0　　　　　　　　　　5 厘米

图二〇　南昌府靖安县、新建县字砖

1. FZB：197，字位于侧边，戳印阳文："南昌府新建县"

0   4 厘米

2. FZB：255，字位于侧边，模印阳文："南昌府新建
县□□圃"

图二一 南昌府新建县字砖

3. FZB：301，字位于头部，模印阳文："南昌府奉新县"

0　　　　　　　5 厘米

图二二　南昌府奉新县字砖

2. FZB：289，字位于头部，戳印阴文："南昌府奉新县"

1. FZB：202，字位于头部，戳印阴文："南昌府奉新县"

3. FZB：191，字位于头部，模印阳文："吉安府吉水县成造"

5 厘米

0

2. FZB：265，字位于侧边，戳印阴文："吉安府造"

1. FZB：230，字位于头部，戳印阴文："吉安府"

图二三　吉安府、吉水县字砖

1. FZB：201，字位于头部，模印阳文：
　　"吉水县"

2. FZB：292，字位于头部，模印阳文："吉安府
　　吉水县成造"

3. FZB：251，字位于侧边，戳印阴文："吉安
　　府吉水县造"

0　　　　　　　　　5厘米

图二四　吉安府吉水县字砖

1. FZB：427，字位于侧边，戳印阴文："吉水县诚造"　　2. FZB：193，字位于侧边，篆书模印阳文："吉安府泰和县"

0 ———— 4 厘米

图二五　吉安府吉水县、泰和县字砖

1. FZB:196,字位于侧边,戳印阳文:"吉安府泰和县"　　2. FZB:233,字位于侧边,戳印阳文:"吉安府
　　　　　　　　　　　　　　　　　　　　　　　　　　　　　　泰和县造"

0　　　　　　　　4厘米

图二六　吉安府泰和县字砖

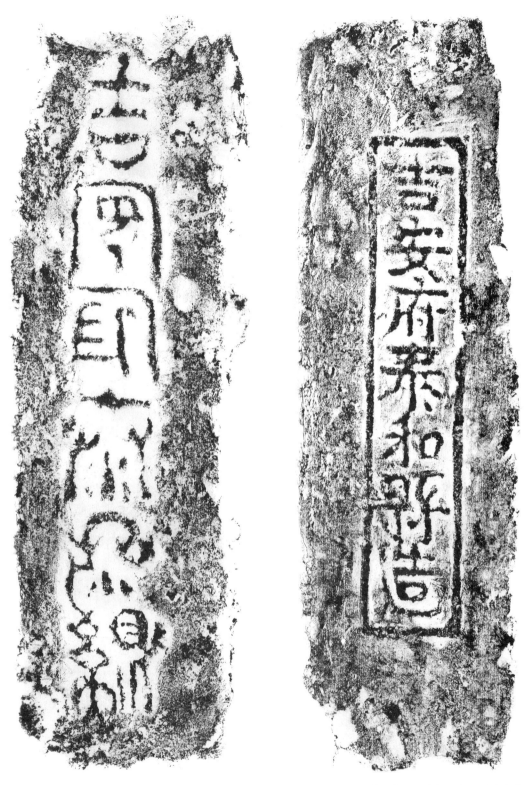

1. FZB：237，字位于侧边，篆书模印阳文："吉安府
　　泰和县"

2. FZB：242，字位于侧边，戳印阳文："吉安府泰
　　和县造"

0 　　　　　 4 厘米

图二七　吉安府泰和县字砖

1. FZB：244，字位于侧边，戳印阳文："吉安府泰和县造"

0   5厘米

图二八   吉安府泰和县字砖

2. FZB：399，字位于侧边，戳印阳文："吉安府泰和县"

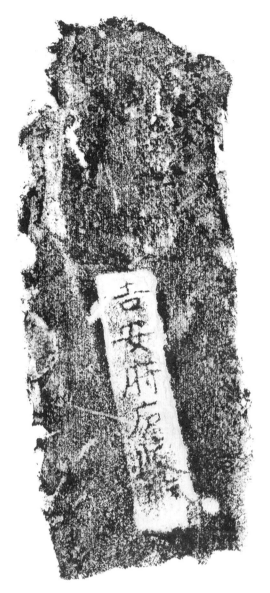

1. FZB:141，字位于侧边，戳印阳文："吉安府庐陵县"

0   5厘米

图二九 吉安府庐陵县字砖

2. FZB:252，字位于侧边，戳印阳文："吉安府庐陵县"

2. FZB：296，字位于侧边，戳印阳文："吉安府庐陵县"

0   5 厘米

1. FZB：293，字位于侧边，戳印阳文："吉安府庐陵县"   图三〇　吉安府庐陵县字砖

2. FZB：423，字位于侧边，戳印阴文："吉安府
　　庐陵县"

0　　　　　　　　5厘米

图三一　吉安府庐陵县字砖

2. FZB：459，字位于侧边，模印阴文："吉
　　安府庐陵县砖"

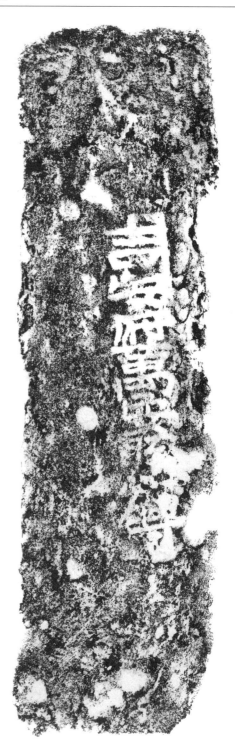

2. FZB：245，字位于侧边，戳印阴文："吉
　安府万安县砖"

1. FZB：235，字位于侧边，戳印阴文："吉安府万安县"

0　　　　　　　　　5 厘米

图三二　吉安府万安县字砖

1. FZB：246，字位于正面，戳印阴文："吉安府万安县砖"　　　　2. FZB：410，字位于侧边，戳印阳文："吉安府
万安县"

0　　　　　　　　　5厘米

图三三　吉安府万安县字砖

1. FZB：298，字位于头部，戳印阴文："〔广〕信府永丰县"

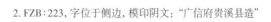
0　　　　　　5厘米

图三四　广信府永丰县、贵溪县字砖

2. FZB：223，字位于侧边，模印阴文："广信府贵溪县造"

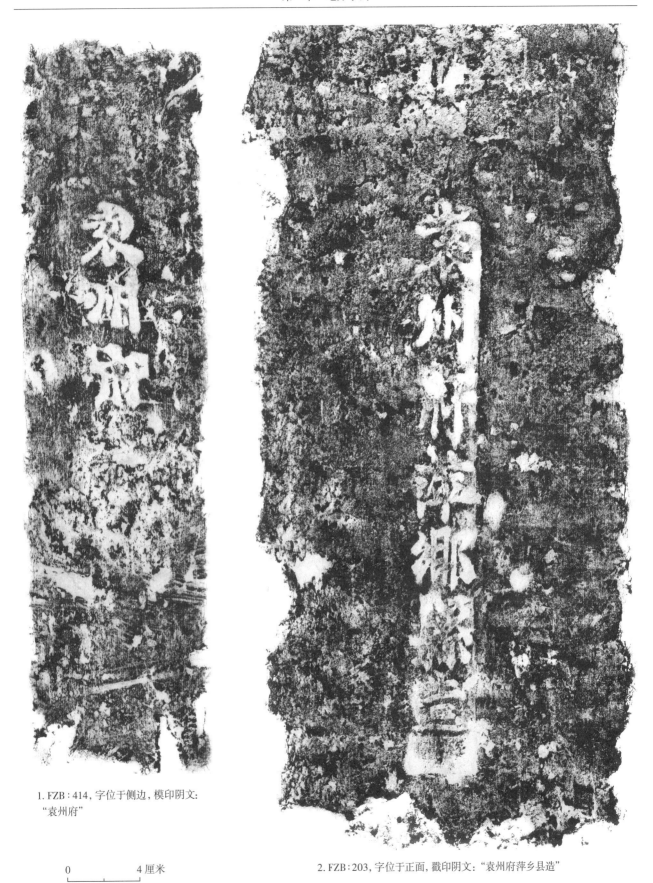

1. FZB：414，字位于侧边，模印阴文：
　　"袁州府"

0　　　　　4厘米

2. FZB：203，字位于正面，戳印阴文："袁州府萍乡县造"

图三五　袁州府、袁州府萍乡县字砖

0   5 厘米

FZB：300，字位于正面，戳印阴文："袁州府萍乡县造"

图三六 袁州府萍乡县字砖

FZB：418，字位于正面，戳印阴文："袁州府萍乡县造"

0   5厘米

图三七 袁州府萍乡县字砖

1. FZB：225，字位于侧边，戳印阴文：
　　"袁州府宜春县造"

2. FZB：226，字位于侧边，模印阴文："袁州
　　府宜春县造"

0 ├———┼———┤ 4 厘米

图三八　袁州府宜春县字砖

1. FZB：229，字位于侧边，模印阴文：
"袁州府宜春县造"

0　　　　　　　　　　　5厘米

图三九　袁州府宜春县字砖

2. FZB：258，字位于侧边，模印阴文："袁州府
宜春县造"

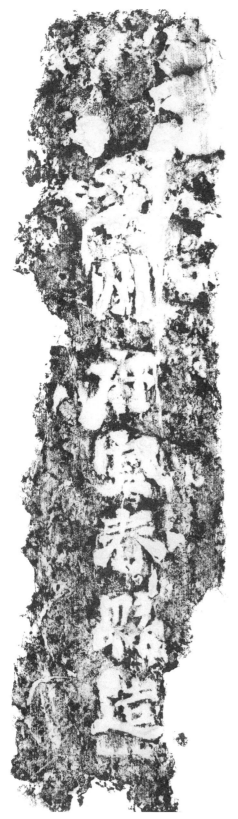

1. FZB：259，字位于侧边，模印阴文："袁州府宜春县造"

0 ————— 5厘米

图四〇　袁州府宜春县字砖

2. FZB：260，字位于侧边，戳印阴文：
　"袁州府宜春县"

2.FZB：288，字位于侧边，戳印阴文："袁州府宜春县造"

0 　　　　　　　　　 5厘米

1.FZB：285，字位于侧边，戳印阴文："袁州府宜春县造"　　　　图四一　袁州府宜春县字砖

1. FZB：295，字位于侧边，戳印阴文："袁州府宜春县"　　　2. FZB：398-2，字位于侧边，戳印阴文："袁州府宜春县造"

0 　━━━━━━━ 5 厘米

图四二　袁州府宜春县字砖

1. FZB：398-1，字位于正面，戳印阴文："袁州府宜春县造"

2. FZB：421，字位于侧边，戳印阴文："袁州府分宜县造"

0 ———————— 4厘米

图四三　袁州府宜春县、分宜县字砖

1. FZB：198, 字位于头部, 戳印阳文："赣州府"　　2. FZB：221, 字位于头部, 戳印阴文："赣州府"

3. FZB：236, 字位于头部, 戳印阴文："赣州府"　　4. FZB：239, 字位于头部, 戳印阴文："赣州府"

0　　　　4 厘米

图四四　赣州府字砖

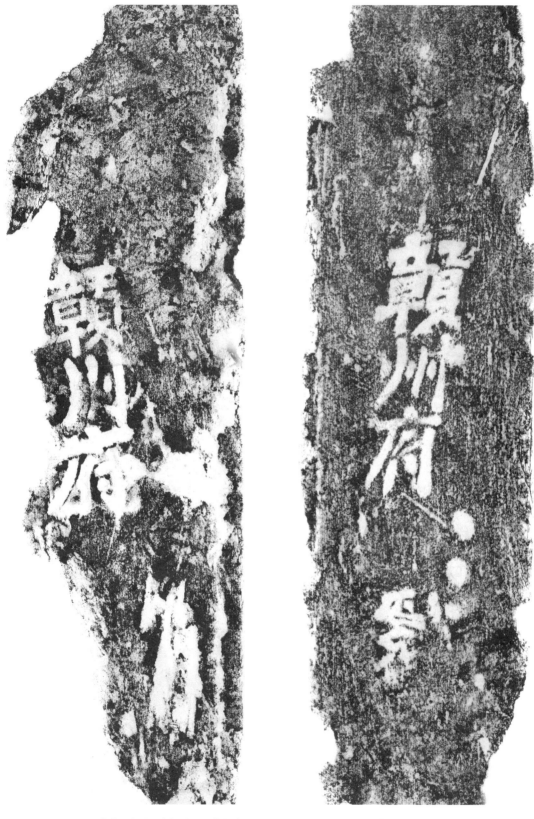

1. FZB：213，字位于侧边，戳印阴文："赣州府"　　　2. FZB：215，字位于侧边，戳印阴文："赣州府"

0　　　　　　　　5厘米

图四五　赣州府字砖

1. FZB：247，字位于侧边，戳印阴文："赣州府"   2. FZB：249，字位于侧边，戳印阴文："赣州府"

0   5 厘米

图四六　赣州府字砖

赣州府龙南县字砖标本：FZB：419（图四九，3；彩版五〇，2）。

赣州府会昌县字砖标本：FZB：431、463（图四九，4；彩版五一）。

六　抚州府

抚州府及其属县为烧砖单位的字砖标本。仅见抚州府临川县字砖标本：FZB：185、195、204、217、218、222、256、263、264、290、297、397（图五〇~五五；彩版五二~五六）。

七　临江府

临江府及其属县为烧砖单位的字砖标本。其中：

临江府新喻县字砖标本：FZB：205、238、253、460（图五六、五七；彩版五七、五八）。

临江府新淦县字砖标本：FZB：177、413（图五八；彩版五九）。

临江府清江县字砖标本：FZB：207、424（图五九；彩版六〇）。

1. FZB：240，字位于头部，戳印阴文："赣州府"　　　2. FZB：406，字位于头部，戳印阳文："赣府瑞"

0 ———— 4厘米

图四七　赣州府、赣府瑞字砖

1. FZB∶214，字位于侧边，戳印阴文："赣州府宜都县造"　　　2. FZB∶257，字位于侧边，模印阳文："赣州府安远县提调官主簿司吏唐宗德作匠郁"

0 ⊢―――――⊣ 4厘米

图四八　赣州府宜都县、安远县字砖

1. FZB:224,字位于头部,模印阳文:"赣州府赣县造"

2. FZB:234,字位于头部,模印阳文:"赣州府赣县"

3. FZB:419,字位于头部,模印阳文:"赣州府龙南造"

4. FZB:463,字位于头部,模印阳文:"赣州府会昌圉"

0 ————————— 4厘米

图四九　赣州府赣县、龙南、会昌县字砖

2. FZB：195，字位于侧边，模印阴文："抚州府临川提调官县丞吴造"

0 ├─────┤ 5厘米

1. FZB：185，字位于侧边，模印阳文："抚州府临川县造"　　　图五〇　抚州府临川县字砖

1. FZB：204，反字位于头部，模印阳文：
"抚州府临川县"

0　　　　　　　4厘米

图五一　抚州府临川县字砖

2. FZB：218，字位于侧边，戳印阴文："抚州府
临川县□造"

八　建昌府

建昌府及其属县为烧砖单位的字砖标本。其中：

建昌府广昌县字砖标本：FZB：220（图六〇；彩版六一，1）。

建昌府南丰县字砖标本：FZB：210、211、216、254、287、402（图六一、六二；彩版六一，2、3；彩版六二、六三）。

九　饶州府

饶州府及其属县为烧砖单位的字砖标本。仅见饶州府字砖标本：FZB：417（彩版三七，2）。

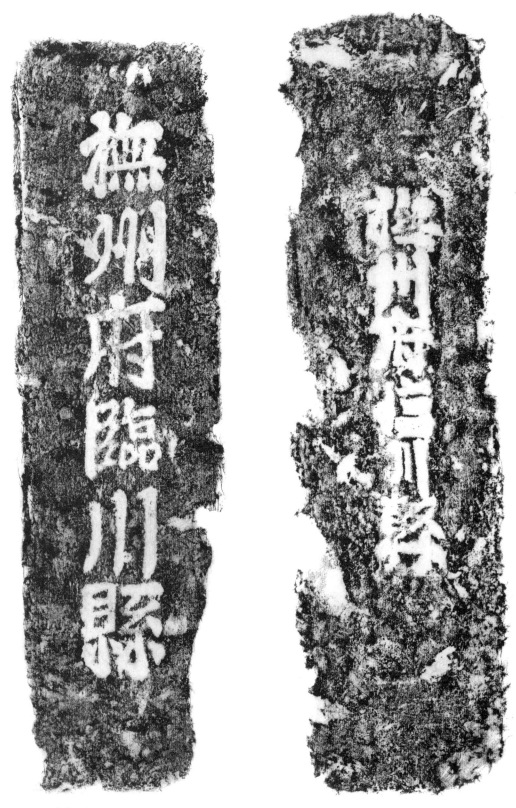

1. FZB：217，字位于侧边，戳印阴文："抚州府临川县"　　　　2. FZB：222，字位于侧边，戳印阴文："抚州府临川县"

0   4 厘米

图五二　抚州府临川县字砖

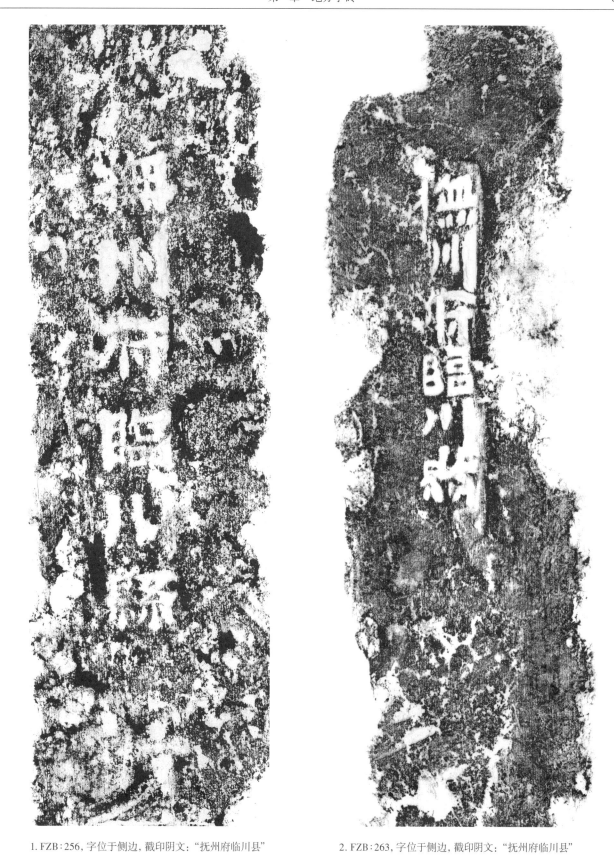

1. FZB：256，字位于侧边，戳印阴文："抚州府临川县"　　　　2. FZB：263，字位于侧边，戳印阴文："抚州府临川县"

0　　　　　　　　　5厘米

图五三　抚州府临川县字砖

1. FZB：264，字位于侧边，戳印阳文："抚州府临川　　　　2. FZB：290，字位于侧边，戳印阴文："抚州府临川县"
　　县造□"

0 ⊢————⊣ 4厘米

图五四　抚州府临川县字砖

1. FZB：297，字位于侧边，模印阳文："抚州
　　府临川县"

2. FZB：397，字位于侧边，戳印阴文："抚州府
　　临川县造"

0 　　　　　 4厘米

图五五　抚州府临川县字砖

1. FZB：205，字位于侧边，模印阳文："临江府
　　新喻县九都"

0　　　　　　　　　　5厘米

2. FZB：238，字位于侧边，模印阳文："临江府新
　　喻县十一都均工夫造"

图五六　临江府新喻县字砖

1. FZB：253，字位于侧边，模印阳文：
"临江府新喻县武明□□□□"

0 　　　　　　　　5 厘米

图五七　临江府新喻县字砖

2. FZB：460，字位于侧边，模印阳文："临江府新喻县
洪武四年均工夫造"

2. FZB：413，字位于侧边，模印阳文：
　　"临江府新淦县"

0 ＿＿＿＿＿＿ 5厘米

1. FZB：177，字位于侧边，戳印阳文："临江府新淦
　　县洪武四年均工夫造"

图五八　临江府新淦县字砖

1. FZB：207，字位于头部，戳印阳文："临江府清江县造"

0 ————————— 5 厘米

2. FZB：424，反字位于侧边，模
印阳文："清江县造"

图五九　临江府清江县字砖

FZB：220，字位于头部，模印阳文："广昌县"

0 ————————— 5 厘米

图六〇　（建昌府）广昌县字砖

1. FZB：210，字位于头部，模印阳文："建昌府南丰县"

2. FZB：211，字位于头部，模印阳文："建昌府南丰县"

3. FZB：216，字位于头部，模印阳文："建昌府南丰县"　　　　0　　　　　　　　5厘米

图六一　建昌府南丰县字砖

1. FZB：254，字位于头部，模印阳文："建昌府南丰县"

2. FZB：287，字位于头部，模印阳文："建昌府南丰县"

3. FZB：402，字位于头部，模印阳文："建昌府南丰县"

0　　　　　　　5厘米

图六二　建昌府南丰县字砖

第二节 江苏省地方字砖

今江苏省区域内各地方府、县为营建凤阳明中都烧砖的有：扬州府、镇江府、淮安府3府和海州、通州、高邮州3州及赣榆县、安东县、沭阳县、桃源县、盐城县、丹徒县、丹阳县、金坛县、海门县、兴化县、泰兴县11县。

这部分字砖中的署名与其他地方字砖署名有显著的不同，内容最丰富，铭文中不仅有府、州、县等地名，重要的是造砖署名更加详细，有官衔、人名、纪年等具体内容，是明中都字砖中内容最为复杂的一种。目前发现由江苏省烧制的字砖是明中都建筑字砖中字数最多的一种。由于600多年来这些砖被反复扒拆使用，多数字砖残断破损或表面磨损严重，多数字砖字迹模糊不清，有的残缺或基本无法辨认。经仔细辨识，砖文中涉及的提调判官人名有：刘子实（海州）、范□（海州赣榆县）、卜□（盐城县）等。提调官主簿人名有：王谦（丹徒县）、李伯延（丹阳县）、田仁美（金坛县）、周礼（泰兴县）等。提调官县丞、吏典史、吏、典史等人名有：刘伯钦（安东县）、王祯（沭阳县）、郑□□（海门县）、张鹏举（通州）、曹□（兴化县）等。司吏人名有：徐庸（海州）、王彤□（海州赣榆县）、季荣（海州赣榆县）、何祥礼（沭阳县）、顾惠义（丹徒县）、郑良（丹阳县）、汤敬（金坛县）、明德亮（通州）、王良（泰兴县）等。作匠、作头、工匠人名有：朱惠山（海州）、黄窑（海州赣榆县）、丁成、杨遇□（安东县）、孙□（沭阳县）、孙八二（盐城县）、王旺诸（丹阳县）、彭万乙、王旺一、聂信四（丹徒县）、毛胜等。监造人吏有唐子仁（通州）等。纪年有：洪武七年、洪武七年二月等。

字砖铭文内容格式有多种类型：

××府；

××府造；

××县；

××府××州提调判官××司吏××作匠××洪武七年　月　日造；

××府××州××县提调官主簿××司吏××作匠××洪武七年　月　日造；

××府××州提调官吏××司吏××作匠××监造人吏××洪武七年　月　日造；

××府××州××县××造提调官××洪武……；

××府××县提调官县丞××吏××；

××府××县提调官县丞××吏××洪武七年　月　日；

××府××县提调官县丞××作头××洪武七年二月　日；

××府××县提调官典史××司吏××作匠××；

××府　××县提调官主簿　××　司吏　××　作匠　××；

××府　××县提调官　××　作头　××　洪武七年　　月　　日；

××府　××县提调官主簿　××　司吏　××　洪武七年　　月　　日；

××县提调官吏典史　××　司吏　××。

一　淮安府

淮安府及其属县为烧砖单位的字砖标本。其中：

淮安府海州字砖标本：FZB：61、63、68、69、71、82、148、150、152~164、380~386（图六三~七五；图七六，1；彩版六四~七七）。

淮安府海州赣榆县字砖标本：FZB：66、170（图七六，2；图七七，1；彩版七八）。

淮安府安东县字砖标本：FZB：80、166、174、178、388、389（图七七，2、3；图七八、七九；彩版七九~八一）。

淮安府沭阳县字砖标本：FZB：181（图八〇，1；彩版八二，1）。

淮安府桃源县字砖标本：FZB：392（图八〇，2；彩版八二，2）。

淮安府盐城县字砖标本：FZB：394（图八一；彩版八三，1）。

二　镇江府

镇江府及其属县为烧砖单位的字砖标本。其中：

镇江府丹徒县字砖标本：FZB：78、81、168、393、395（图八二~八四；彩版八三，2；彩版八四、八五）。

镇江府金坛县字砖标本：FZB：149、176、387、390（图八五、八六；彩版八六、八七）。

镇江府丹阳县字砖标本：FZB：75、76、79、147、167、452（图八七、八八；彩版八八~九〇）。

三　扬州府

扬州府及其属县为烧砖单位的字砖标本。其中：

扬州府海门县字砖标本：FZB：146、165、169、172、173、391（图八九、九〇；彩版九一~九三）。

扬州府通州字砖标本：FZB：65、151、175、182（图九一、九二；彩版九四、九五）。

扬州府高邮州兴化县字砖标本：FZB：179（图九三，1；彩版九六，1）。

扬州府泰兴县字砖标本：FZB：180（图九三，2；彩版九六，2）。

1. FZB：61，字位于侧边，戳印阴文："淮安府海州提调判
　官刘子实司吏徐庸作匠朱惠山洪武七年　月　日造"

2. FZB：63，字位于侧边，戳印阴文："淮安府海州提调判
　官刘子实司吏徐庸作匠朱惠山洪武七年　月　日造"

图六三　淮安府海州纪年字砖

1. FZB：68，字位于侧边，戳印阴文："淮安府海州提调判
　　官刘子实司吏徐庸作匠朱惠山洪武七年　月　日造"

0　　　　　　　　　5厘米

图六四　淮安府海州纪年字砖

2. FZB：69，字位于侧边，戳印阴文："淮安府海州
　　提调判官刘子实司吏徐庸作匠朱惠山洪武七年
　　月　日造"

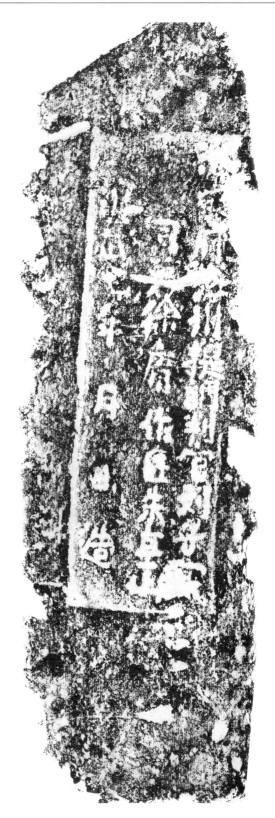

1. FZB：71，字位于侧边，戳印阴文："淮安府海州提调　　　　2. FZB：82，字位于侧边，戳印阴文："淮安府海州提调
　判官刘子实司吏徐庸作匠朱惠山洪武七年　月　日造"　　　　　判官刘子实司吏徐庸作匠朱惠山洪武七年　月　日造"

0　　　　　　4厘米

图六五　淮安府海州纪年字砖

1. FZB：148，字位于侧边，戳印阴文："淮安府海州提判 官刘子实司吏徐庸作匠朱惠山洪武七年 月 日造"

2. FZB：150，字位于侧边，戳印阴文："淮安府海州提调判 官刘子实［司吏徐庸］作匠朱惠山洪武七年 月 日造"

0   4厘米

图六六 淮安府海州纪年字砖

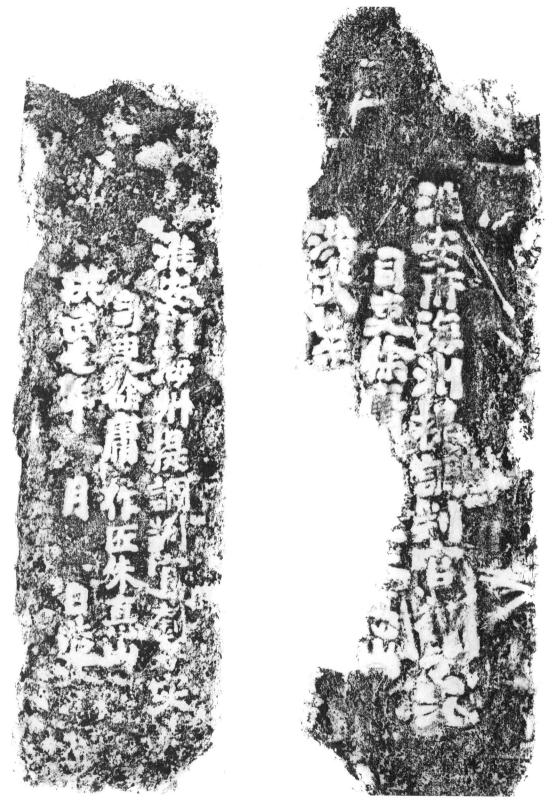

1. FZB：152，字位于侧边，戳印阴文："淮安府海州提调
　判官刘子实司吏徐庸作匠朱惠山洪武七年　月　日造"

2. FZB：153，字位于侧边，戳印阴文："淮安府海州提调判官
　刘子实司吏徐庸［作匠朱惠］山洪武七年［　月　日造］"

0　　　　　　　4厘米

图六七　淮安府海州纪年字砖

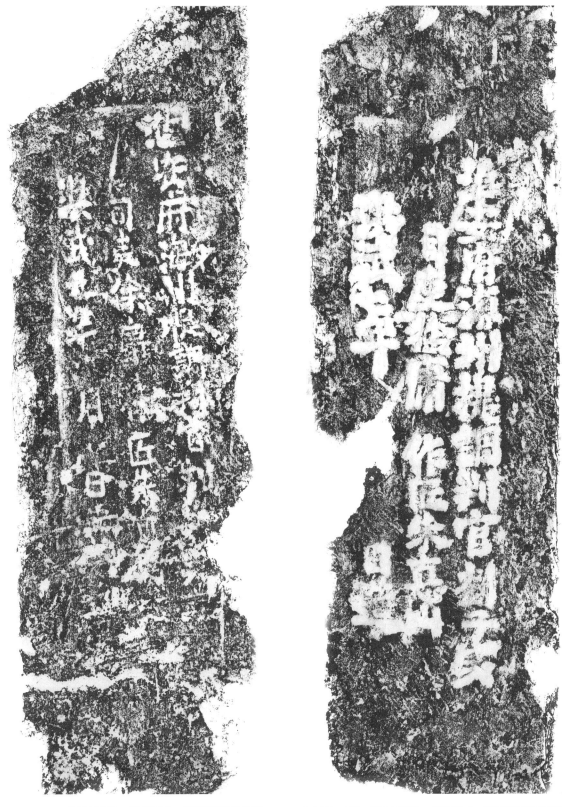

1. FZB：154，字位于侧边，戳印阴文："淮安府海州提调
    判官刘子实司吏徐庸作匠朱惠山洪武七年　月　日造"

2. FZB：155，字位于侧边，戳印阴文："淮安府海州提调
    判官刘子实司吏徐庸作匠朱惠山洪武七年　団　日造"

0　　　　　4厘米

图六八 淮安府海州纪年字砖

1. FZB：156，字位于侧边，戳印阴文："淮安府海
   州提调判官刘子实司吏徐庸作匠朱惠山洪武七
   年　月　日造"

2. FZB：157，字位于侧边，戳印阴文："淮安府海
   州提调判官刘子实司吏徐庸作匠朱惠山🔲🔲🔲🔲
   月　日造"

0　　　　　4厘米

图六九　淮安府海州纪年字砖

1. FZB：158，字位于侧边，戳印阴文："淮安府海州提调 　　判官刘子实司吏徐庸作匠朱惠山洪武七年　月　日造"

2. FZB：159，字位于侧边，戳印阴文："淮安府海州提调 　　判官刘子实司吏徐庸作匠朱惠山洪武七年　月　日造"

0 ———————— 4厘米

图七〇 淮安府海州纪年字砖

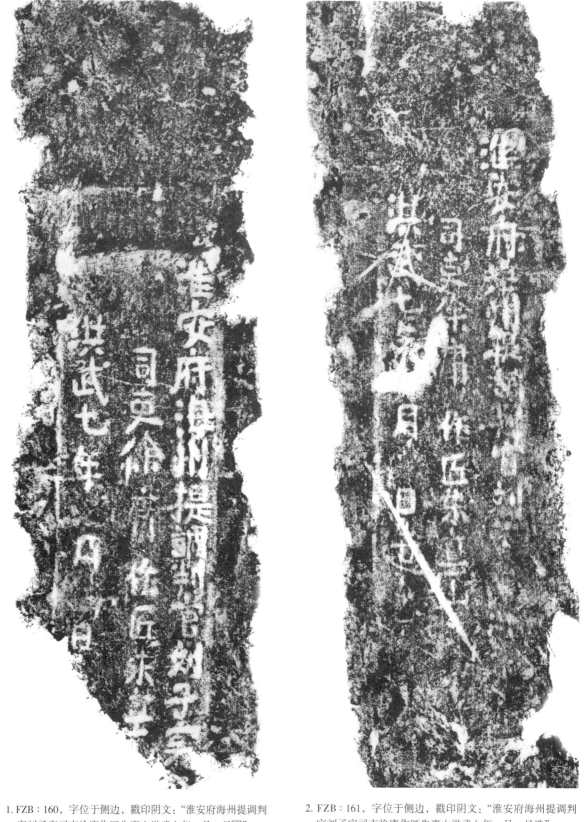

1. FZB：160，字位于侧边，戳印阴文："淮安府海州提调判
官刘子实司吏徐庸作匠朱惠山洪武七年　月　日圌"

2. FZB：161，字位于侧边，戳印阴文："淮安府海州提调判
官刘子实司吏徐庸作匠朱惠山洪武七年　月　日造"

0　　　　　4厘米

图七一　淮安府海州纪年字砖

1. FZB：163，字位于侧边，戳印阴文："淮安府
海州提调判官刘子实司吏徐庸作匠朱惠山洪
武七年　月　日造"

0　　　　　4厘米

图七二　淮安府海州纪年字砖

2. FZB：164，字位于侧边，戳印阴文："淮安府
海州提调判官刘子实司吏徐庸作匠朱惠山洪
武七年　囝　囬造"

1. FZB：380，字位于侧边，戳印阴文："囲安府海州提调　　2. FZB：381，字位于侧边，戳印阴文："囲安府海州提调
　判官刘子实司吏徐庸作匠朱惠山洪武七年　月　日造"　　　判官刘子实司吏徐庸作匠朱惠山洪武七年　月　日造"

0 ———————— 4 厘米

图七三　淮安府海州纪年字砖

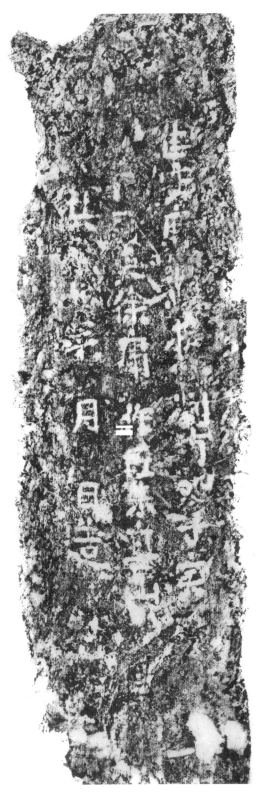

1. FZB：382，字位于侧边，戳印阴文："淮安府海州提调判官刘子实司吏徐庸作匠朱惠山洪武七年　月日造"

2. FZB：383，字位于侧边，戳印阴文："淮安府海州提调判官刘子实司吏徐庸作匠朱惠山洪武七年　月日造"

0　　　　　　4厘米

图七四　淮安府海州纪年字砖

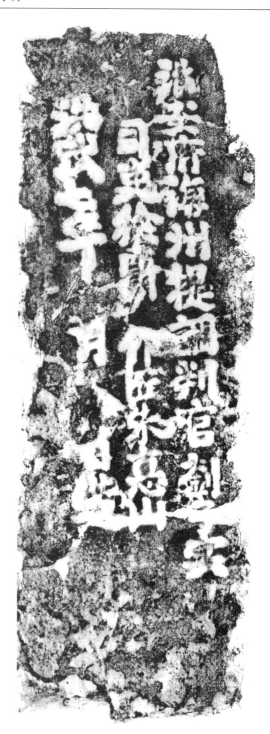

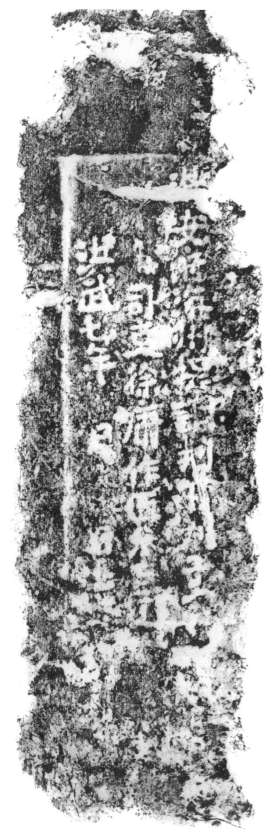

2. FZB：385，字位于侧边，戳印阴文："淮安府海州
　提调判官刘子实司吏徐庸作匠朱惠山洪武七年
　月　日造"

1. FZB：384，字位于侧边，戳印阴文："淮安府海州提调判
　官刘子实司吏徐庸作匠朱惠山洪武七年　月　日造"

0　　　　　　　4厘米

图七五　淮安府海州纪年字砖

1. FZB：386，字位于侧边，戳印阴文："淮安府海州
提调判官刘子园司吏徐庸作匠朱惠山洪武七年
月　日造"

0　　　　　　　4厘米

2. FZB：66，字位于侧边，戳印阳文："淮安府海州赣
榆县提调官主簿范□司吏王彤□作匠黄窑洪武七年
月　日造"

图七六　淮安府海州、赣榆县纪年字砖

1. FZB：170，字位于头部，模印阳文："淮安府海州赣榆县"

2. FZB：80，字位于头部，戳印阴文："淮安府安东县造提调官县丞刘伯钦作头丁成杨遇□洪武七年二月　日"

0　　　　4厘米

3. FZB：166，字位于侧边，戳印阴文："淮安府安东县提调官县丞刘伯钦吏季荣"

图七七　淮安府海州赣榆县、安东县字砖

1. FZB：174，字位于头部，刻画阴文："淮安府安东县造提调官县丞刘伯钦作头丁成杨圀□洪武七年二月　日"　　2. FZB：178，字位于头部，戳印阴文："淮安府安东县造提调官县丞刘伯钦作头丁成杨遇□洪武七年二月　日"

0　　　　　4厘米

图七八　淮安府安东县纪年字砖

第三节　安徽省地方字砖

今安徽省区域内各地方府、县为营建凤阳明中都烧砖的单位主要集中在安庆府的怀宁县、桐城县、潜山县、宿松县、望江县、太湖县6县。字砖铭文比较简单，署名府、县二级或一级烧制单位等。

字砖铭文格式内容有以下几种类型：

××府；

××县；

××县造；

××府××县；

××府××县造；

3. FZB：389，字位于头部，戳印阴文："淮安府安东县造提调官县丞刘伯钦作头丁成杨遇口洪武七年二月　日"

2. FZB：388，字位于头部，戳印阴文："淮安府安东县造提调官县丞刘伯钦作头丁成杨遇口洪武七年二月　日"

1. FZB：73，字位于头部，戳印阴文："淮安府安东县造提调官县丞刘伯钦作头丁成杨圈口圈武七年二月　日"

图七九　淮安府安东县纪年字砖

0　　　　　　5厘米

90　　　　凤阳明中都字砖

2. FZB：392，字位于侧边，模印阳文："淮安
　府桃源县提调官县丞许□人匠□□囻囻囙
　囮　月　日"

0　　　　　　　　　4厘米

1. FZB：181，字位于侧边，模印阳文："淮安府沭阳县囻调官
　典史王祯司吏何祥礼作匠孙□"

图八〇　淮安府沭阳县、桃源县字砖

FZB：394，字位于侧边，模印阳文："淮安府盐城
县提调官卜□作头孙八二囯囯七年　月　日"

0 　　　　　　　　5厘米

图八一　淮安府盐城县纪年字砖

FZB：78，字位于侧边，戳印阳文："［镇江府］丹徒县提调官主簿
王谦司吏顾惠义作匠彭万乙"

0 　　　　　　　　5厘米

图八二　镇江府丹徒县字砖

1. FZB：81，字位于侧边，模印阳文："镇江府丹徒　　　　2. FZB：168，字位于侧边，模印阳文："圖江府丹徒县
　　县提调官主簿王谦囙囡顾惠义作匠王旺一"　　　　　　　提圖官主簿□□司吏顾惠义作匠聂信四"

0 　　　　　4厘米

图八三　镇江府丹徒县字砖

1. FZB：393，字位于侧边，模印阳文："镇江府丹徒
　 圌提调官主簿［王谦］司圌顾惠义作圌□□"

2. FZB：395，字位于侧边，模印阳文："镇江府丹徒
　 县提调官主簿王谦司吏顾惠义作圌□□"

0 —————— 4 厘米

图八四　镇江府丹徒县字砖

1. FZB：149，字位于侧边，模印阳文："圉江府金坛
县提调官主簿田仁美司吏汤敬作匠中一洪武七年
月　日"

0 　　　　　　　4厘米

2. FZB：176，字位于侧边，模印阳文："镇江
府金坛县提调官主簿田仁美司吏□粮长行
昇作匠□□□□□"

图八五　镇江府金坛县纪年字砖

1. FZB：387，字位于侧边，模印阳文："圙江府金坛县提官　　2. FZB：390，字位于侧边，模印阳文："镇江府金坛县提
　　主簿田仁圙刘谅司吏汤敬作圙□□洪武七年三月二日"　　　　调官主簿田仁美司吏汤敬作匠屠良洪武七年　月　日"

图八六　镇江府金坛县纪年字砖

1. FZB：75，字位于侧边，模印阳文："圖江府丹阳县
提调官主簿李伯延司吏郑良工匠王旺诸□洪武七
年　月　日"

2. FZB：76，字位于侧边，模印阳文："［镇江府］丹
阳县提调官主簿□□司吏郑良作匠王□王□洪武
七年　月　日"

0   4厘米

图八七　镇江府丹阳县纪年字砖

1. FZB：79，字位于侧边，模印阳文："［镇江］府丹阳县▨▨▨主▨▨▨司吏郑良作匠贺▨▨洪武七年月日"

2. FZB：147，字位于侧边，模印阳文："▨江府丹阳县提调官主簿李伯延司吏郑良作匠▨▨洪武七年月日造"

图八八　镇江府丹阳县纪年字砖

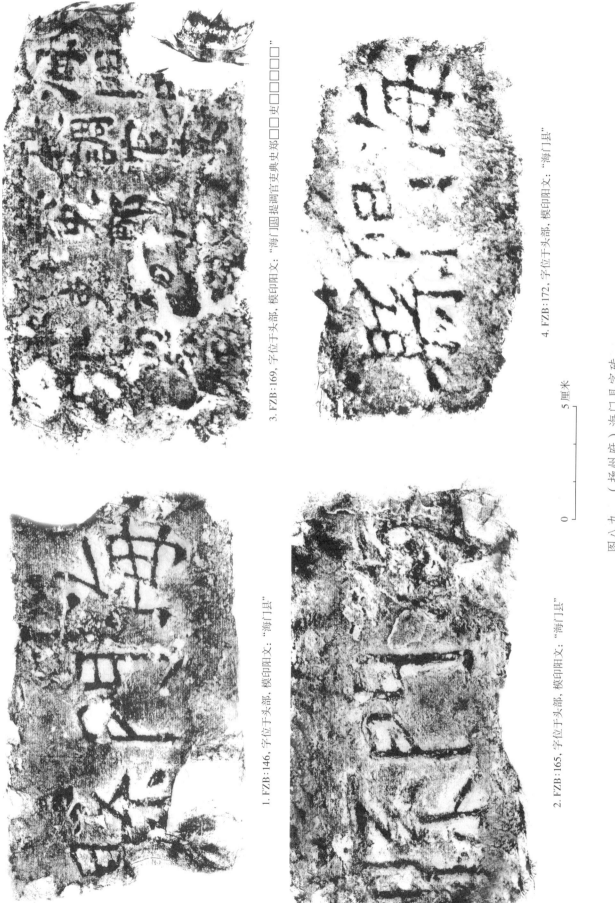

3. FZB：169，字位于头部，模印阳文："海门圆提调官吏典史郑□□吏□□□□"

4. FZB：172，字位于头部，模印阳文："海门县"

1. FZB：146，字位于头部，模印阳文："海门县"

2. FZB：165，字位于头部，模印阳文："海门县"

5 厘米

0

图八九　（扬州府）海门县字砖

1. FZB：173，字位于侧边，戳印阳文："扬州府
海门县提调官监史□□义司吏□□□□□□
□□□"

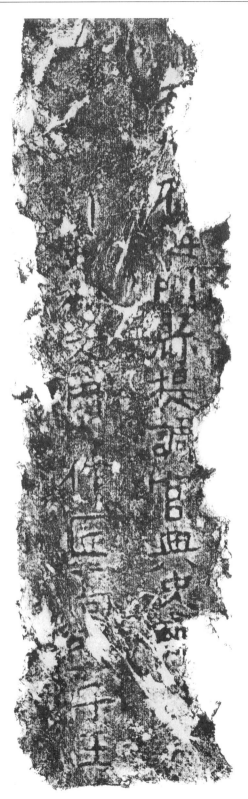

2. FZB：391，字位于侧边，模印阳文："扬囷
囷海门县提调官典史曹□司吏文□作匠□
□王"

0　　　　　4厘米

图九〇　扬州府海门县字砖

1. FZB：65，字位于侧边，模印阳文："扬州府通州
   提调□吏日张鹏举司吏明德亮作匠毛胜监造人吏唐
   子仁洪武七年　月　日造"

2. FZB：151，字位于侧边，模印阳文："扬州府通州提
   调官主簿张□□司吏明德亮作匠周江监造人吏唐子
   仁洪武□月　日造"

0 ────── 4厘米

图九一　扬州府通州纪年字砖

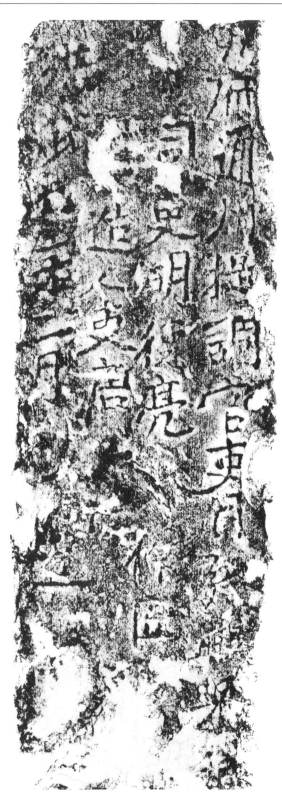

1. FZB：175，字位于侧边，模印阳文："扬州府通州圌
　　圙官吏□□司吏明德圜作匠□□监造人吏□□洪武
　　□年　月　日"

2. FZB：182，字位于侧边，模印阳文："［扬］州府通州提
　　调官吏□张鹏举司吏明德亮作匠□□监造人吏唐□□
　　洪武七年二月　日造"

0　　　　　　　4厘米

图九二　扬州府通州纪年字砖

1. FZB：179，字位于侧边，模印阳文："〔扬州〕府高
　邮州兴化县造提调官曹□洪武十年　月　日"

0　　　　4厘米

2. FZB：180，字位于侧边，模印阳文："扬回回泰囚
　县提调官主簿周礼司吏王良作匠□□興武□年
　月　回"

图九三　扬州府高邮州兴化县、泰兴县纪年字砖

××府××县成造。

其中：

安庆府字砖标本：FZB：267、307（图九四；图九五，1；彩版九七）。

安庆府怀宁县字砖标本：FZB：268、270、271、277、281、304、305、449（图九五，2；图九六～九八；彩版九八～一〇一）。

安庆府桐城县字砖标本：FZB：276、278、279（图九九；图一〇〇，1；彩版一〇二；彩版一〇三，1）。

安庆府潜山县字砖标本：FZB：269、272、280、306（图一〇〇，2；图一〇一；图一〇二，2；彩版一〇三，2；彩版一〇四）。

安庆府宿松县字砖标本：FZB：274、308（图一〇二，2、3；彩版一〇五）。

安庆府太湖县字砖标本：FZB：267-1、275（图一〇三；彩版一〇七，1）。

安庆府望江县字砖标本：FZB：273、303（图一〇二，4、5；彩版一〇六）。

0　　　　　　　5厘米

1. FZB：267-2，字位于头部，手写阴文："安庆府"

2. FZB：267-3，字位于头部，模印阳文："安庆府"

图九四　安庆府字砖

1. FZB：307，反字位于侧边，模印阳文：
　　"安庆府"

2. FZB：270，字位于侧边，手写阴文：
　　"怀宁县造"

0 　———— 　4厘米

图九五　安庆府、怀宁县字砖

1. FZB：271，字位于侧边，手写阴文："怀宁县造"　　　2. FZB：277，字位于侧边，手写阴文："怀宁县造"

0　　　　　　4厘米

图九六　安庆府怀宁县字砖

1. FZB：268，字位于侧边，模印阳文："安庆怀宁县#"　　2. FZB：281，字位于侧边，模印阳文："安庆怀宁县#"

0　　　　　　　　5厘米

图九七 安庆府怀宁县字砖

1. FZB：304，字位于侧边，模印阴文：
  "安庆府怀宁县造"

0　　　　　　　5厘米

图九八　安庆府怀宁县字砖　　　　　2. FZB：305，字位于侧边，手写阴文："怀宁县造"

1. FZB∶276，字位于侧边，模印阳文："安庆府桐城县"

0　　　　　　　　　　5 厘米

图九九　安庆府桐城县字砖

2. FZB∶278，字位于侧边，模印阳文："桐城县
　□□"

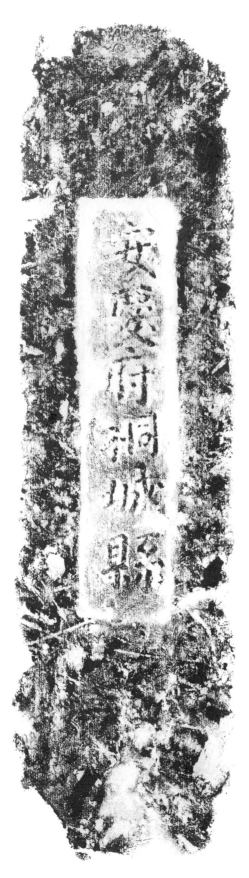

2. FZB：269，字位于侧边，手写阴文:"安
庆府潜山县"

0　　　　　　5厘米

1. FZB：279，字位于侧边，戳印阳文："安庆府
桐城县"

图一○○　安庆府桐城县、潜山县字砖

1. FZB：280，字位于侧边，刻画阴文："安
庆府潜山县造"

2. FZB：306，字位于侧边，手写阴文："安庆
府潜山县成造"

0　　　　　　4 厘米

图一〇一　安庆府潜山县字砖

2. FZB：274，字位于头部，手写阴
   文："安庆府宿松县"

3. FZB：308，反字位于头部，
   模印阳文："安庆府宿松"

1. FZB：272，字位于头部，戳印阴文："安庆
   府潜山县造"

0　　　　　　　5厘米

图一〇二　安庆府潜山县、
　　　望江县、宿松县字砖

4. FZB：303，字位于头部，戳印阳文：
   "安庆府望江圈"

5. FZB：273，字位于头部，模
   印阳文："安庆府望江"

1. FZB:267-1，字位于侧边，手写阴文："太湖县"　　2. FZB:275，字位于侧边，手写阴文："安庆府太湖县□"

0 ————————— 5厘米

图一〇三　安庆府太湖县字砖

1. FZB：183，字位于侧边，戳印阳文："龙阳县"　　　　2. FZB：184，字位于侧边，戳印阳文："龙阳县"

0　　　　　　　　5厘米

图一〇四　（湖南）龙阳县字砖

第四节　湖南省地方字砖

今湖南省区域内各地方府、县为营建凤阳明中都的烧砖发现数量少，目前仅发现龙阳县铭文字砖 2 块。其字砖署名格式内容极为简单，只署名"××县"。

龙阳县字砖标本：FZB：183、184（图一〇四；彩版一〇八）。

第五节　湖北省地方字砖

今湖北省区域内各地方府、县为营建凤阳明中都的烧砖发现数量少，目前仅发现有黄州府烧造的字砖 1 块。其字砖署名格式内容也极为简单，仅署名"××府造"。

黄州府字砖标本：FZB：282（图一〇五；彩版一〇七，2）。

FZB：282，字位于头部，模印阳文："黄州府造"

0　　　　　　　　5 厘米

图一〇五　（湖北）黄州府字砖

第二章　军卫字砖

凤阳留守司和凤阳卫等各军卫、所是营建凤阳明中都主要的烧砖单位,字砖标本数量也很多。目前所收集到的军卫字砖有:留守司、凤阳卫、长淮卫、怀远卫等4军卫编制单位,还有各个司、卫下辖的诸多所、千户、百户、总旗、小旗等几十个具体烧砖单位。军卫字砖的署名内容基本一样,格式为司、卫、所、户、旗、官衔、人名等。

第一节　留守司字砖

留守司及其所、户、旗等为烧砖单位的字砖标本。其中:

留守司中左所字砖标本:FZB:6、37(图一〇六;彩版一〇九,1、2)。

留守司右千户所字砖标本:FZB:33(图一〇七,1;彩版一〇九,3)。

留守司左千户所字砖标本:FZB:314(图一〇七,2;彩版一一〇,1)。

留守司右所字砖标本:FZB:45、52(图一〇八,1;彩版一一〇,2、3)。

留守司后所字砖标本:FZB:443、445、447(图一〇九;彩版一一一)。

留守司中右所字砖标本:FZB:48(彩版一一二,1)。

留守司中□所字砖标本:FZB:62(图一〇八,2;彩版一一二,2)。

其砖文内容格式有:

××司中左所百户××总旗××小旗××;

××司右所百户××;

××司后所百户××;

××司中右所百户××总旗××小旗××;

××司左千户所百户××总旗××小旗××;

××司右千户所百户××;

××司中□所百户××洪武十年。

留守司烧砖署名单位有中左所、右所、中右所、中□所、右千户所、左千户所、后所7个卫所。在所的后面署名不同的百户、总旗、小旗具体烧制人等。百户人名有王成、江□、包俊、佘寿、王保、王德、陈用、魏聚等。总旗人名有伊宣甫、李王等。小旗人名有朱□、□九等。纪年有"洪武十年"等。

1. FZB：6，字位于头部，模印阳文："留守田左囫 百户王成圝（总）旗所□小圃□九军人□"

2. FZB：37，字位于头部，模印阳文："留守中左所百户包圈捻（总）其□□小其□□军人□□"

0　　　　　　　　　5厘米

图一○六　留守司中左所字砖

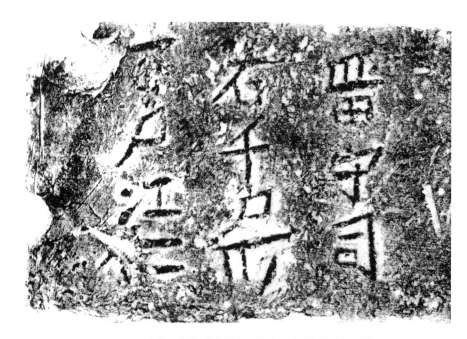

1. FZB：33，字位于头部，模印阳文："留守司右千户所百户江□"

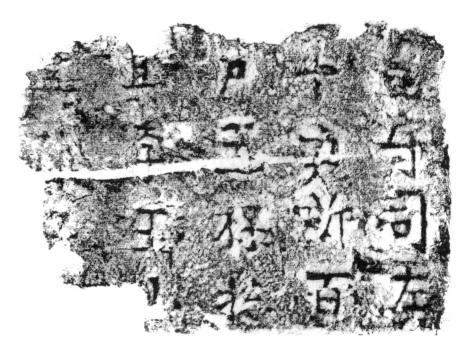

2. FZB：314，字位于头部，模印阳文："留守司左千户所百户王保捻（总）其李王小囲□□□"

0　　　　　　　　5厘米

图一〇七　留守司右千户所、左千户所字砖

1. FZB：45, 字位于头部, 模印阳文："留守司右所百户王德"

2. FZB：62, 字位于头部, 模印阳文："留守□中□囷百户王□所洪武十年"

0　　　　　　　　5厘米

图一〇八　留守司右所、中□所字砖

1. FZB：443，字位于头部，模印阳文："留守司后所百户陈用"

2. FZB：445，字位于头部，模印阳文："留守司后所百户魏聚"

3. FZB：447，位于头部，模印阳文："留守司后所百凹□□"

0　　　　　　　　　　5 厘米

图一〇九　留守司后所字砖

第二节　凤阳卫字砖

凤阳卫及其所、户、旗等为烧砖单位的字砖标本。其中：

凤阳卫□所字砖标本：FZB：2、5、9、13、17、23、35、42、47、54、57、322、326、327、340、341、343、436（图一一○～一一五；图一一六，1；彩版一一三～一一八）。

凤阳卫右所字砖标本：FZB：12（图一一六，2；彩版一一九，1）。

凤阳卫左所字砖标本：FZB：16、44、329、332、342、433、442（图一一七、一一八；图一一九，1；彩版一二一、一二二）。

凤阳卫后所字砖标本：FZB：15、22、50、311、461、468（图一一九，2、3；图一二○、图一二一；彩版一一九，2、3；彩版一二○，1、2）。

凤阳中卫左千户所字砖标本：FZB：469（图一二二；彩版一二○，3）。

凤阳卫中左所字砖标本：FZB：39、310、313、325、330、335、349（图一二三、一二四；彩版一二三、一二四；彩版一二五，1）。

凤阳卫中右所字砖标本：FZB：41、59、324、331、333、348、450、454（图一二五～一二七；彩版一二五，2、3；彩版一二六、一二七）。

凤阳卫字砖砖文内容格式有：

××卫××所百户××总旗××造；

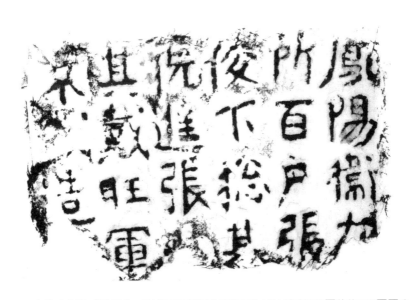

FZB：2，字位于头部，模印阳文："凤阳卫□所百户张俊下捻（总）其倪进张□其戴旺军□□造"

0　　　　　4厘米

图一一○　凤阳卫□所字砖

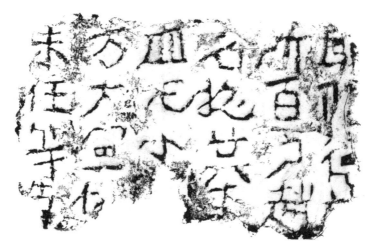

1. FZB：5，字位于头部，模印阳文："圆囫卫□所百户赵□捻（总）其李四龙小圊万大军□朱任等造"

2. FZB：9，字位于头部，模印阳文："圆阳卫□厨百户□□捻（总）其□□小其□□军□□中□"

3. FZB：13，字位于头部，模印阳文："圆阳卫□□所百圌□俊捻（总）其□甫成小圊□□□□□"

0   4厘米

图一一一　凤阳卫□所字砖

1. FZB：17，字位于头部，模印阳文："囩阳卫□所百户□俊捴（总）其□甫成小囲高兴军□□五□造"

2. FZB：23，字位于头部，模印阳文："凤阳卫□所百户张□下捴（总）其□进张小其□成军安而石造"

3. FZB：35，字位于头部，模印阳文："囩囲囸□所百户朱□捴（总）其□信小其杜□□军张□□造"

0 ————————— 4厘米

图一一二　凤阳卫□所字砖

1. FZB：42, 字位于头部, 模印阳文: "圆阳卫□所百户圝俊揔（总）其张甫成小囲高兴军□五□造"

2. FZB：47, 字位于头部, 模印阳文: "圆阳卫□所百户□□下揔（总）其辛福小其张遇宪□圛困造"

3. FZB：54, 字位于头部, 模印阳文: "圆阳卫□所百户□圈□揔（总）其阮进成小其李郎军王□□造"

图一一三　凤阳卫□所字砖

1. FZB：57，字位于头部，模印阳文："囗囵卫囗囗所百户张俊下捻（总）其阮进张小其李秋囗囗侯四造"

2. FZB：322，字位于头部，模印阳文："囵阳卫囗所百户朱成捻（总）其囗信小其囗囗军李囗造"

3. FZB：326，字位于头部，模印阳文："囵囵卫囗囗所百户成俊下捻（总）其阮进成小其祁淮安囗杨成圈"

0　　　　4 厘米

图一一四　凤阳卫囗所字砖

1. FZB：327，字位于头部，模印阳文："囸囸□□囶百户□名捴（总）其□□□小其何遇隆□□□囼"

2. FZB：340，字位于头部，模印阳文："囸囸卫□所百户张俊捴（总）其张□成小其祝老□军肖得成造"

3. FZB：341，字位于头部，模印阳文："囸阳囶□所百户□德捴（总）其囶遇安小其□老儿军□□造"

0 ———— 4厘米

图一一五　　凤阳卫□所字砖

1. FZB：343，字位于头部，模印阳文："凤阳卫□所百户赵名捻（总）其马伯贺小其贺成军□□□□"

2. FZB：12，字位于头部，模印阳文："圆囮卫右所百户□□捻（总）其阮进成小其祁淮安军□□□"

0　　　　　　　　5厘米

图一一六　凤阳卫□所、右所字砖

1. FZB：16，字位于头部，模印阳文："凤阳囗左所百户成俊下捻（总）其阮进成小其祁淮安军杨成造"

2. FZB：44，字位于头部，模印阳文："圆阳卫左所百户成俊下捻（总）其阮进成小其祁淮安军杨成造"

3. FZB：329，字位于头部，模印阳文："圆阳卫左所百户张俊捻（总）其张甫成小其同文贵军□□□"

图一一七　凤阳卫左所字砖

1. FZB：332，字位于头部，模印阳文："凤囻囗卫左所百户成俊下捻（总）其阮进成小其囗囗军囗黄三造"

2. FZB：342，字位于头部，模印阳文："凤阳卫左所百户成俊下捻（总）其阮进成小其祁淮安军杨成造"

3. FZB：433，字位于头部，模印阳文："凤阳卫左所百户张俊下［捻（总）］其阮进张［小其］李秋囗囗侯四造"

0　　　　4厘米

图一一八　凤阳卫左所字砖

1. FZB：442，字位于头部，模印阳文："凤阳卫左所百户张俊揔（总）其张甫成小其高兴军马□□□"

2. FZB：15，字位于头部，模印阳文："凤阳卫后所百户孟德揔（总）其王德小其曹□军曹三"

3. FZB：22，字位于头部，模印阳文："凤阳卫后所百户孟德揔（总）其王圈小其孙□军□□"

0 ———————— 4厘米

图一一九　凤阳卫左所、后所字砖

1. FZB：50，字位于头部，模印阳文："凤阳卫后所百户孟德捻（总）其王德小其曹□军曹三"

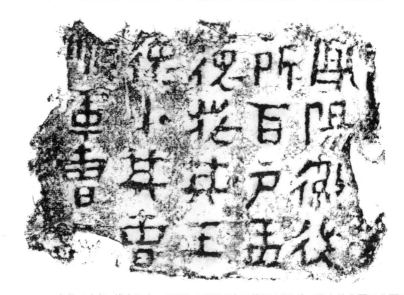

2. FZB：311，字位于头部，模印阳文："凤阳卫后所百户孟德捻（总）其王德小其曹□军曹□"

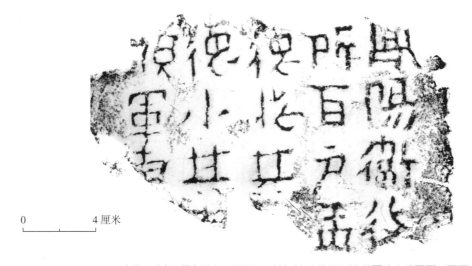

3. FZB：461，字位于头部，模印阳文："凤阳卫后所百户孟德捻（总）其□德小其□□军圕□"

0　　　4厘米

图一二〇　凤阳卫后所字砖

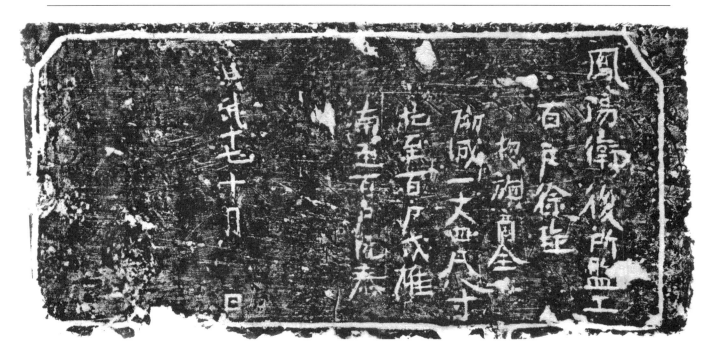

FZB：468，字位于正面，刻写阴文："凤阳卫后所监工百户徐琜（玺）揔（总）旗□全砌城一丈四尺八寸北至百户成雄南至百户阮泰洪武十七年十月　日"

0 _____ 5厘米

图一二一　凤阳卫后所字砖

FZB：469，字位于正面，刻写阴文："凤阳中卫左千户所监工百户陈聚揔（总）旗邹兴砌城二丈八尺四寸南至本所圊户付成北至本所带管百户谷成洪武十七年三月"

0 _____ 5厘米

图一二二　凤阳中卫左千户所字砖

1. FZB：310，字位于头部，模印阳文："凤阳卫中左所百囗中名揔（总）囗囗福小囗囗成甫囗人囗囗造"

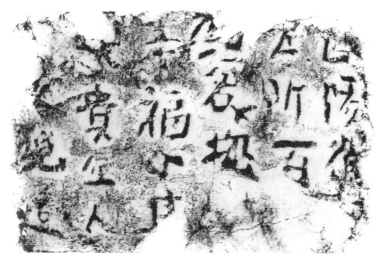

2. FZB：313，字位于头部，模印阳文："囗阳卫囗左所百囗囗名揔（总）囗囗福小其囗贵军人囗囗囗造"

3. FZB：325，字位于头部，模印阳文："凤阳卫中左所百户舍名揔（总）其囗福小其谭德保囗囗囗囗囗"

图一二三　凤阳卫中左所字砖

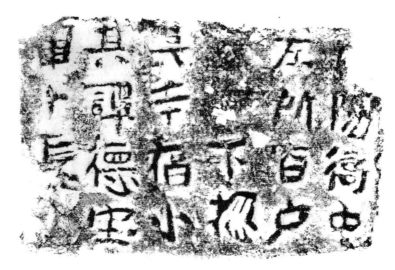

1. FZB：330，字位于头部，模印阳文："圆阳卫中左所百户□□下揔（总）其辛福小其谭德宝军□□□"

2. FZB：335，字位于头部，模印阳文："圆阳卫田左所百囝□□名下揔（总）其辛圆小囝张遇田□保住造"

3. FZB：349，字位于头部，模印阳文："凤囦囼田左所百户□□揔（总）其□福小其□贵军人□□□□"

图一二四　凤阳卫中左所字砖

1. FZB：41，字位于头部，模印阳文："凤阳卫□右所百□张□□□甫□小其□安住军□□□造"

2. FZB：59，字位于头部，模印阳文："凤阳卫中右所百户□成□（总）□李元中□其王□□□□"

3. FZB：324，字位于头部，模印阳文："凤阳卫中右所百户张□揔（总）其□□小其□安住军□□□□"

0 ——— 4 厘米

图一二五　凤阳卫中右所字砖

××卫××所百户××总旗××小旗××造。

凤阳卫烧砖署名单位有右所、左所、中右所、中左所、后所和凤阳中卫左千户所等6个所。在所的后面署名百户、总旗、小旗具体烧制人等。百户人名有：张俊下、张俊成、孟德、张俊、庐闰、成俊下、朱成、□名下、胡原、钟名下、中名、舍名、解德等。总旗人名有：倪进张、赵名、马伯贺、王德、张甫成、阮进成、阮进张、陈遇安、辛福、任溃、王德贵、李四龙、杨隆等。小旗人名有：戴旺、肖得成、贺成、何遇隆、祁淮安、□安住、杨成、杜□、谭德保（宝）、曹□、孙成甫、张遇宪、张敬先、高兴、李郎、□百彦、李秋、侯四、万大、蔚士中、李三等。

1. FZB：331，字位于头部，模印阳文："凤阳卫中右所百户庐闰捻（总）其任溃小其蔚士中军人□□造"

2. FZB：333，字位于头部，模印阳文："圆阳卫中右所百户胡原捻（总）其王德贵小囲张敬园□曾□□"

0 ├────┤ 4厘米

图一二六　凤阳卫中右所字砖

1. FZB：348，字位于头部，模印阳文："凤阳卫中右所百户胡圆捻（总）其王德贵小其张敬先军曾□□"

2. FZB：450，字位于头部，模印阳文："凤阳卫中右所百户解德捻（总）其杨隆小其李三军□□□□"

0 ———— 4厘米

图一二七　凤阳卫中右所字砖

第三节　长淮卫字砖

目前发现的长淮卫及其下属所为单位烧造的字砖标本很少，仅有后所字砖标本：
FZB：4、14、309、321（图一二八；彩版一二八、一二九）。

长淮卫字砖砖文内容格式为：××卫后所百户××军匠××。

第四节　怀远卫字砖

目前发现的怀远卫及其下属所为烧砖单位的字砖标本比较少。其中：

怀远卫字砖标本：FZB：49（图一二九，1）。

怀远卫怀右字砖标本：FZB：20、28（图一二九，2；彩版一三〇）。

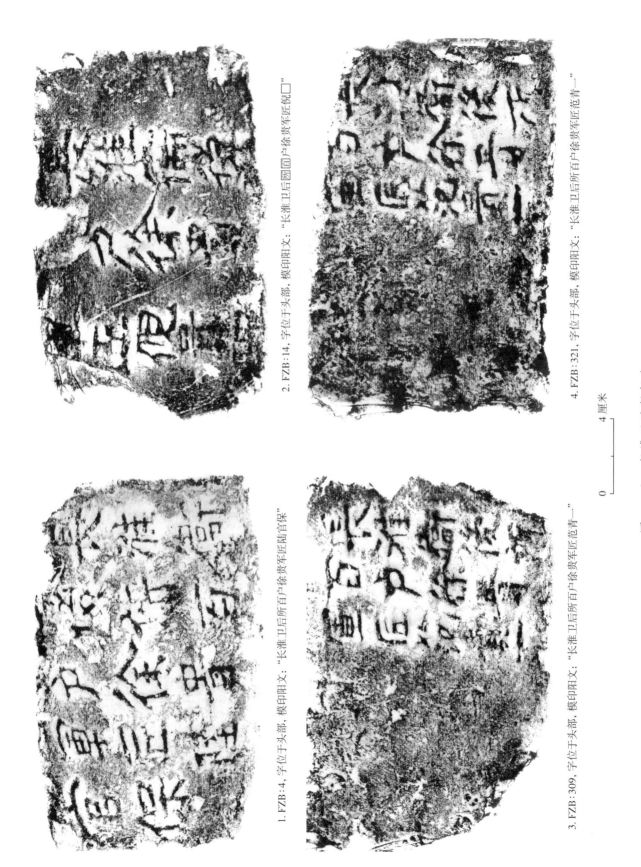

2. FZB:14，字位于头部，模印阴文："长淮卫后圙圙户徐贵军匠倪口"

4. FZB:321，字位于头部，模印阴文："长淮卫后所百户徐贵军匠范青一"

1. FZB:4，字位于头部，模印阴文："长淮卫后所百户徐贵军匠陆保"

3. FZB:309，字位于头部，模印阴文："长淮卫后所百户徐贵军匠范青一"

0　　　　　　4厘米

图一二八　长淮卫后所字砖

1. FZB:49，字位于头部，模印阳文："囷远□马百户总旗□杰军人杨□造"

2. FZB:28，字位于头部，模印阳文："囷右杨□□捴（总）旗□□小旗□□二军□□造"

3. FZB:60，字位于头部，模印阳文："怀左权百户熙"

0　　　　　　4厘米

图一二九　怀远卫、怀右、怀左字砖

怀远卫怀左字砖标本：FZB：60（图一二九，3；彩版一三一，1）。

怀远卫怀后字砖标本：FZB：320（图一三〇，1；彩版一三一，2）。

怀远卫怀前字砖标本：FZB：10、46、319、334、338、339、347（图一三〇，2；图一三一、一三二；彩版一三二、一三三）。

烧砖最多的是怀前所，应该还有更多的怀远卫及其下属所等烧砖单位字砖没有发现。

怀远卫字砖砖文内容格式为：

××卫×百户总旗××军人××；

怀左×百户×；

怀右百户××总旗××；

怀中百户×造；

怀前×总旗造；

怀前总旗××；

1. FZB：320，字位于头部，模印阳文："怀后百户谭造"

2. FZB：10，字位于头部，模印阳文："囝前摠（总）其杨□"

0 ———— 4厘米

图一三〇　怀远卫怀后、怀前字砖

1. FZB:46, 字位于头部, 模印阳文:"怀前赵捻(总)旗造"

2. FZB:319, 字位于头部, 模印阳文:"怀前祝捻(总)旗造"

3. FZB:334, 字位于头部, 模印阳文:"怀前朱捻(总)旗造"

0　　　　4厘米

图一三一　怀远卫怀前字砖

1. FZB：338，字位于头部，模印阳文："怀前朱捻（总）旗造"

2. FZB：339，字位于头部，模印阳文："怀前杨捻（总）圌造"

3. FZB：347，字位于头部，模印阳文："怀前朱捻（总）圌造"

0　　　　4厘米

图一三二　怀远卫怀前字砖

怀后百户 × 造。

　　怀远卫烧砖署名单位除了其本身外，还有怀前、怀左、怀右、怀中、怀后等 5 个卫所。在所的后面署名百户、总旗具体烧造人名等。如百户人名有：熙、谭、方、柯□等。总旗人名有：权、赵、祝、朱、宋、杨等。

第五节　百户字砖

　　百户字砖多为缺司、卫、所的残字砖铭，多数或只能辨识百户以下字迹为烧砖单位。百户字砖标本有：FZB：11、21、24、26、27、31、32、38、58（图一三三～一三六；彩版一三四～一三六）。

1. FZB：11，字位于头部，模印阳文："□□□□匦百户□□捻（总）其□信小其□□德军□□□造"

2. FZB：21，字位于头部，模印阳文："□所百户郝安捻（总）旗谢荣"

0　　　　　4厘米

图一三三　（□军卫）百户字砖

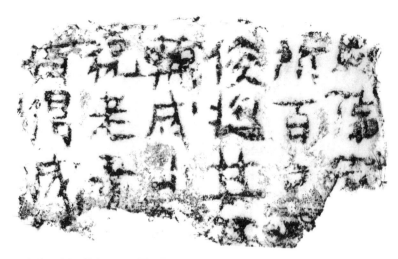

1. FZB：24，字位于头部，模印阳文："□卫□□所百户□俊揔（总）其□辅成小囻祝老□□□得成□"

2. FZB：27，字位于头部，模印阳文："□□卫□所百户张俊揔（总）其□甫成小其祝囻□□□□"

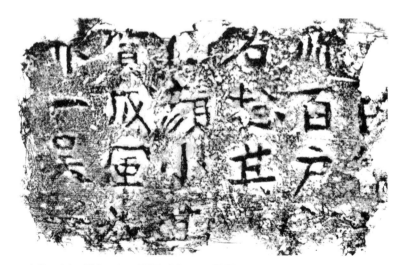

3. FZB：32，字位于头部，模印阳文："□□卫□所百户□囻石揔（总）其□□颜小其贺成军□□一吴"

0 ├────────┤ 4厘米

图一三四　（□军卫）百户字砖

1. FZB：26，字位于头部，模印阳文："□□卫□厨囿囸户□□捻（总）其吴□小其□大军李二造"

2. FZB：31，字位于头部，模印阳文："□□囙后厨囿囸户□□□（总）其王□名小其□四军徐□儿造"

图一三五　　（□军卫）百户字砖

百户字砖署名内容格式为：

××百户　××总旗　××小旗　××；

××百户　××总旗　××。

此类字砖署名为某百户所烧，在百户的后面署名总旗、小旗具体烧砖人名等。如人名有：郝安、谢荣、张安、张俊、张甫成等。

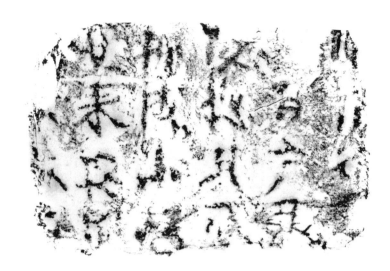

1.FZB:38,字位于头部,模印阳文:"□□□□□百户张安摠(总)其张□成小其□□□□□□□"

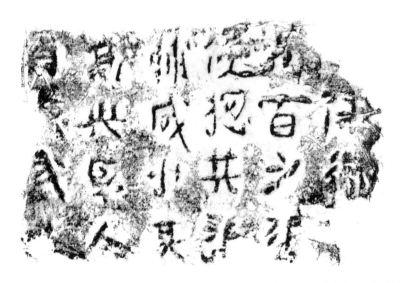

2.FZB:58,字位于头部,戳印阳文:"□□卫□所百户张俊摠(总)其张甫成小其高兴军人□□成□"

0   4厘米

图一三六　（□军卫）百户字砖

第六节　总旗字砖

总旗字砖多为缺司、卫、所、户的残字砖铭,多数或只能辨识总旗以下字迹为烧砖单位。总旗字砖标本有:FZB:1、18、19、28~30、43、51、315~318、323、328、344、350~352、354、375(图一三七～一四三;彩版一三七～一四二)。

总旗字砖署名内容格式为:

1. FZB:1, 字位于头部, 模印阳文：“捴（总）旗张□”

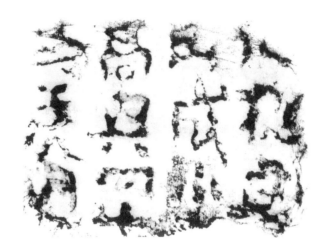

2. FZB:18, 字位于头部, 模印阳文：“□□□□□捴（总）其□甫成小□高兴军□□□□”

3. FZB:19, 字位于头部, 模印阳文：“捴（总）其计昌”

0　　　　　　　　　5厘米

图一三七　（□军卫）总旗字砖

1. FZB：29，字位于头部，模印阳文："圀（总）旗陈军□□"

2. FZB：30，字位于头部，模印阳文："捴（总）旗周胜"

0　　　　　　　　　5厘米

图一三八　（□军卫）总旗字砖

　　总旗 ×× ；

　　×× 总旗 × 小旗 × ；

　　总旗 ×× 土字二号。

　　此类字砖署名为某总旗所烧，在总旗的后面署名具体烧砖人名等。人名有：张□、计昌、周胜、许富、张申、史保义、赵良□、□忠、李□、黄荣、黄成、李寿、□贵、丁德等。

1. FZB:43,字位于头部,模印阳文:"圌(总)旗许富"

2. FZB:51,字位于头部,模印阳文:"揔(总)其张申"

3. FZB:315,字位于头部,模印阳文:"揔(总)旗时小旗□"

0   5厘米

图一三九 (□军卫)总旗字砖

1. FZB：316，字位于头部，模印阳文：“揔（总）旗史保义”

2. FZB：317，字位于头部，模印阳文：“揔（总）其□忠小其□贵军□□□”

3. FZB：318，字位于头部，模印阳文：“揔（总）其赵良□”

0　　　　　　　　5厘米

图一四〇　（□军卫）总旗字砖

1. FZB：323，字位于头部，模印阳文："捴（总）旗李□小旗郭□"

2. FZB：328，字位于头部，模印阳文："捴（总）旗黄荣小旗□□"

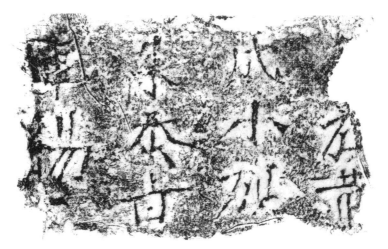

3. FZB：344，字位于头部，模印阳文："□（总）旗黄成小旗朱恭□军杨"

0　　　　　　　5厘米

图一四一　（□军卫）总旗字砖

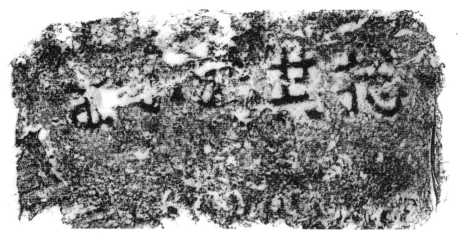

1. FZB：350，字位于头部，模印阳文："捻（总）其□□"

2. FZB：352，字位于头部，模印阳文："捻（总）旗李小旗李"

0 　　　　　　 5 厘米

3. FZB：354，字位于头部，戳印阳文："捻（总）旗计昌"

图一四二　（□军卫）总旗字砖

1. FZB：351，字位于头部，模印阳文："⊞（总）旗李寿土字二号"

2. FZB：375，字位于头部，模印阳文："⊞（总）旗丁德土字二号"

图一四三　（□军卫）总旗字砖

第七节　小旗字砖

小旗字砖多为缺司、卫、所、百户、总旗的残字砖铭，多数或只能辨识小旗以下字迹为烧砖单位。小旗字砖标本有：FZB：7、36、40、312、334（图一四四、一四五；彩版一四三）。

小旗字砖署名内容格式为：小旗 × 军 ×。

此类字砖署名为某小旗所烧，在小旗的后面署名具体烧砖人姓，如：周、王、吕等。

1. FZB：7，字位于头部，模印阳文："小旗周军徐大"

2. FZB：36，字位于头部，模印阳文："小旗王军王四"

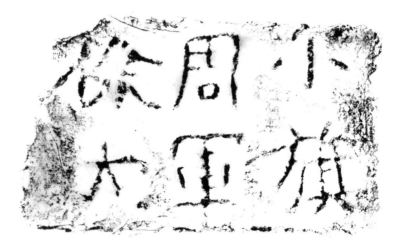

3. FZB：40，字位于头部，模印阳文："小旗周军徐大"

0　　　　　4厘米

图一四四　（□军卫）小旗字砖

1. FZB：312，字位于头部，模印阳文："小旗吕军张二"

2. FZB：334，字位于头部，模印阳文："小旗周军徐大"

0　　　　　　4厘米

图一四五　　（□军卫）小旗字砖

第八节　军卫字号砖

军卫字号砖种类和数量比较多，此次仅收集整理到其中一部分，有一些种类还不齐全，有待于今后的收集。这些军卫字号砖是当时制砖军卫工人们的一种传统思想道德品行和对自身认知情感的表达，也有少量记数和记事类字号砖等，如：五行、五德、五常、四季、六艺、千字文、天干地支、数字、均工夫、署名等字号类字砖。这类字号砖均为凤阳留守司和凤阳卫、长淮卫、怀远卫等军队的军人所烧制，但是，具体归属哪个军卫下属单位或军人烧制不太清楚，在此单列一节集中叙述。

一　五行字号砖

五行字号砖有"金、木、水、火、土"五种。金、木、水、火、土，它们之间相互克制转化和谐，是人类传统思想中对自然界万事万物存亡的认知观。此次收集的五行字号砖标本中最多的是"火"字号和"水"字号字砖。其中：

金字号字砖标本：FZB：109、111、117、119（图一四六、一四七；彩版一四四、一四五）。

木字号字砖标本：FZB：85、91、133、354-1、357、366、369、373（图一四八～一五〇；彩版一四六、一四七）。

水字号字砖标本：FZB：94、104、110、129、355、359、361、363（图一五一～

1. FZB：109，字位于头部，模印阳文："金字七号捴（总）其□□"

2. FZB：111，字位于头部，模印阳文："金字四"

0 　　　　　　　5厘米

图一四六　（□军卫）五行金字号字砖

一五三；彩版一四八～一五一）。

火字号字砖标本：FZB：25、34、97、134、106、107、131、345、356、358、360、362、370、378、462（图一五四～一五七；彩版一五二～一五八）。

土字号字砖标本：FZB：3、86、89、93、113、116（图一五八、一五九；彩版一五九、一六〇）。

五行字号砖署名内容格式有：

金字号；

金字 × 号；

金字 × 号总旗 ××；

木 × 号；

木字 × 号；

1. FZB：117，字位于头部，模印阳文："金字号"

0 　　　　　5 厘米

2. FZB：119，字位于头部，模印阳文："金字十号"

图一四七　（□军卫）五行金字号字砖

1. FZB：85，字位于头部，模印阳文："木字五号"

2. FZB：91，字位于头部，模印阳文："木字九号"

3. FZB：133，字位于头部，模印阳文："木字一号"

0   5 厘米

图一四八   （□军卫）五行木字号字砖

1. FZB：354-1，字位于头部，戳印阳文："木字五号"

2. FZB：357，字位于头部，模印阳文："木字八号"

3. FZB：366，字位于头部，模印阳文："贰木号"

0   5厘米

图一四九　（□军卫）五行木字号字砖

1. FZB：369，字位于头部，戳印阳文："木字十号"

2. FZB：373，字位于头部，模印阳文："木字九号"

0 ———————— 5 厘米

图一五〇　（□军卫）五行木字号字砖

水 × 号；

水字 × 号；

火 ×；

火字 × 号；

火字 × 号总旗 ××；

火字 × 号总旗 × 造；

土字 × 号总旗 ××；

土字 × 号。

1. FZB：94, 字位于头部, 模印阳文："水号叁"

2. FZB：129, 反字位于头部, 模印阳文："水字三号"

0　　　　　　　　　5 厘米

图一五一　（□军卫）五行水字号字砖

五行类字砖多有数字编号，还有少数署名总旗和具体烧砖军人姓名。如人名有：周昌、曹清、赵□、安山、徐帖木、王直、沈得、节义等。

二　五德字号砖

五德字号砖有"温、良、恭、俭、让"五种，此次收集的字砖标本最多的是"恭"字号字砖，缺"俭"字号字砖。其中：

温字号字砖标本：FZB：353（图一六〇，1；彩版一六一，1）。

良字号字砖标本：FZB：87（图一六〇，2；彩版一六一，2）。

恭字号字砖标本：FZB：102、126、130、368（图一六一、一六二；彩版一六一，3；彩版一六二）。

让字号字砖标本：FZB：101（图一六〇，3；彩版一六三，1）。

1. FZB：355，字位于头部，模印阳文："叁水号"

2. FZB：359，字位于头部，模印阳文："水五号"

3. FZB：363，字位于头部，模印阳文："水字六号"

0　　　　　　　　　5厘米

图一五二　　（□军卫）五行水字号字砖

1. FZB：361，字位于头部，模印阳文："水字七号"

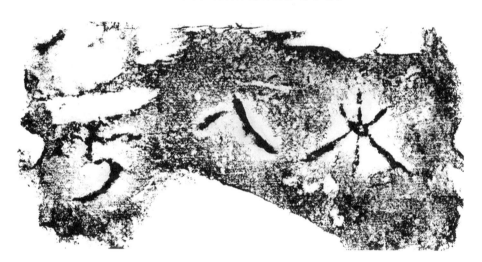

2. FZB：110，字位于头部，模印阳文："水八号"

3. FZB：104，字位于头部，戳印阳文："水九号"

0　　　　　　　5厘米

图一五三　（□军卫）五行水字号字砖

1. FZB:134，字位于头部，模印阳文："火字一号捻（总）旗赵□"

2. FZB:25，字位于头部，模印阳文："火字二号捻（总）旗□造"

3. FZB:34，字位于头部，模印阳文："火字二号捻（总）旗□□"

0　　　　　　　　　5厘米

图一五四　（□军卫）五行火字号字砖

1. FZB：106，字位于头部，模印阳文："火四"

2. FZB：107，字位于头部，模印阳文："火四"

3. FZB：131，字位于头部，模印阳文："火四"

0   5厘米

图一五五 （□军卫）五行火字号字砖

1. FZB：356，字位于头部，模印阳文："火四"

2. FZB：360，字位于头部，模印阳文："火字四号"

3. FZB：97，字位于头部，模印阳文："火字四号捻（总）旗曹清"

0　　　　　　　　　5厘米

图一五六　　（□军卫）五行火字号字砖

1. FZB：358，字位于头部，模印阳文："火字伍号捻（总）旗徐贴木"

2. FZB：345，字位于头部，模印阳文："火字七捻（总）旗安山"

3. FZB：370，字位于头部，模印阳文："火字七捻（总）旗□□"

0　　　　　　5厘米

图一五七　（□军卫）五行火字号字砖

1. FZB：3，字位于头部，模印阳文："土字四号揔（总）旗□义"

2. FZB：86，字位于头部，模印阳文："土字二号念（总）其王直"

3. FZB：89，字位于头部，模印阳文："土字三号揔（总）旗□□"

0　　　　　　　　5厘米

图一五八　（□军卫）五行土字号字砖

1. FZB：93，字位于头部，模印阳文："捴（总）旗沈得土字七号"

2. FZB：113，字位于头部，模印阳文："土圖四号捴（总）旗节义"

3. FZB：116，字位于头部，模印阳文："土字五号"

0 ———————— 5厘米

图一五九　（□军卫）五行土字号字砖

1. FZB：353，字位于头部，模印阳文："温字号"

2. FZB：87，字位于头部，模印阳文："良字号"

3. FZB：101，字位于头部，戳印阳文："让字号"

0　　　　　　　　5厘米

图一六〇　（□军卫）五德温字号、良字号、让字号字砖

1. FZB：102，字位于头部，模印阳文：“恭字号”

2. FZB：126，字位于头部，模印阳文：“恭字号”

3. FZB：130，字位于头部，模印阳文：“恭字号”

0　　　　　　　　　5厘米

图一六一　（□军卫）五德恭字号字砖

FZB：368，字位于头部，模印阳文："恭字号"

0　　　　　　　　5厘米

图一六二　　（□军卫）五德恭字号字砖

五德字号砖其内容格式为：

温字号；

良字号；

恭字号；

让字号。

三　五常字号砖

五常字号砖有"仁、义、礼、智、信"五种，此次收集缺"礼、信"两类字号砖。五常是传统的人生最理想的事业操守[1]。此次收集最多的是"仁"字号字砖。其中：

仁字号字砖标本：FZB：98、446、465、466（图一六三；图一六四，1；彩版一六三，2、3；彩版一六四，1、2）。

义字号字砖标本：FZB：367、439、458（图一六五；彩版一六五）。

智字号字砖标本：FZB：137（图一六四，2；彩版一六四，3）。

五常字号砖多有数字编号，其内容格式为：

仁 ×；

仁 ××；

义 ×；

义 ××；

智 ×。

---

［1］五常，为"仁、义、礼、智、性"，自古以来就是组建社会和做人的起码道德准则，做事的伦理原则，用以处理和谐社会团体单位及人与人之间的关系。

1. FZB：446，反字位于头部，模印阳文："仁字号"

2. FZB：98，字位于头部，模印阳文："仁一"

3. FZB：466，字位于头部，模印阳文："仁一"

0   5厘米

图一六三　（□军卫）五常仁字号字砖

1. FZB：465，字位于头部，模印阳文："仁二"

2. FZB：137，字位于头部，模印阳文："智二"

0　　　　　5厘米

图一六四　（□军卫）五常仁字号、智字号字砖

四　四季字号砖

四季字号砖有"春、夏、秋、冬"四种，此次收集缺"春、冬"字号砖，可见春与冬气温低不适宜烧砖而封窑，也可说明中都建筑用砖制作受到季节变化的限制。最多的是秋字号字砖。其中：

夏字号字砖标本：FZB：92、365（图一六六；彩版一六六）。

秋字号字砖标本：FZB：88、100、127（图一六七；彩版一六七，1、2）。

四季字号砖多有数字编号，其内容格式为：

夏字 × 号；

秋 ×；

秋字 × 号。

1. FZB：367，反字位于头部，模印阳文："义字号"

2. FZB：458，字位于头部，模印阳文："义字号"

3. FZB：439，字位于头部，模印阳文："义二"

0　　　　　　　　5厘米

图一六五　（□军卫）五常义字号字砖

 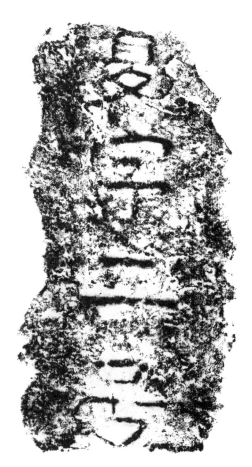

1. FZB：92，字位于头部，模印阳文："夏字二号"   2. FZB：365，字位于头部，模印阳文："夏字二号"

0   5 厘米

图一六六　（□军卫）四季夏字号字砖

五　六艺字号砖

六艺字号砖有"礼、乐、射、御、书、数"六种[1]，此次仅收集到乐字号一种，缺"礼、射、御、书、数"五种字号砖。这是否反映六艺中这五种技艺跟制砖工匠无关，故没有这类字号砖？

乐字号字砖标本：FZB：448（图一六八；彩版一六七，3）。

乐字号字砖署名内容格式为："乐字号"。

---

[1] 六艺论，是中国古代儒家术语，是中国周朝贵族教育体系。开始于公元前11世纪的周王朝，周朝官学要求学生掌握六种基本才能，即礼、乐、射、御、书、数。"礼"指礼节（即今德育）五礼，即吉礼、凶礼、军礼、宾礼、嘉礼。"乐"指音乐、诗歌、舞蹈等。"射"指射箭技术。"书"指书法（书写、识字、文字）六书：象形、指事、会意、形声、转注、假借。"数"即算法（计数）。

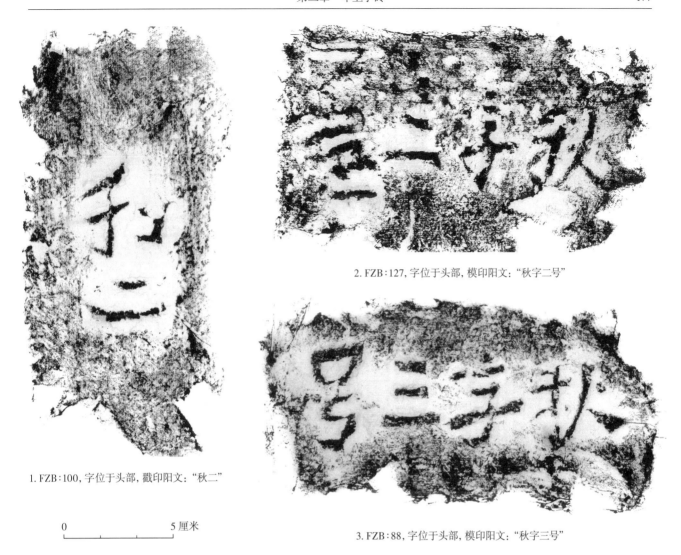

2. FZB：127，字位于头部，模印阳文："秋字二号"

1. FZB：100，字位于头部，戳印阳文："秋二"

3. FZB：88，字位于头部，模印阳文："秋字三号"

0　　　　　　　5 厘米

图一六七　　（□军卫）四季秋字号字砖

FZB：448，字位于头部，模印阳文："乐字号"

0　　　　　　　5 厘米

图一六八　　（□军卫）六艺乐字号字砖

六　千字文字号砖

《千字文》指的是由一千个不同的汉字组成的文章。此次收集的千字文字号砖标本较少，仅有"玄、中"两个字号砖标本，最多的是玄字号字砖。其中：

玄字号字砖标本：FZB：118、122、456、123、124、128、103、112（图一六九～一七一；彩版一六八～一七〇）。

中字号字砖标本：FZB：136、108、444（图一七二；彩版一七一）。

千字文字号砖类多有数字编号，其内容格式为：

玄 × 号；

玄号；

玄字 × 号；

中；

中 ×。

1. FZB：122，字位于头部，模印阳文："玄字一号"

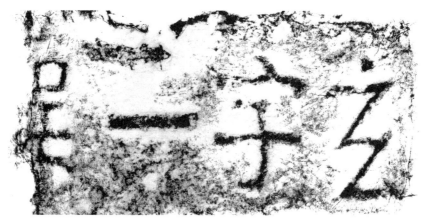

2. FZB：456，字位于头部，模印阳文："玄字一号"

0　　　　　　　5厘米

图一六九　（□军卫）千字文玄字号字砖

1. FZB：123，字位于头部，模印阳文："玄字二号"

2. FZB：124，字位于头部，模印阳文："玄字二号"

3. FZB：128，字位于头部，模印阳文："玄二号"

0   5厘米

图一七〇 （□军卫）千字文玄字号字砖

1. FZB：103，字位于头部，戳印阳文："玄伍号"

2. FZB：112，字位于头部，模印阳文："玄六号"

3. FZB：118，字位于头部，模印阳文："玄号"

0　　　　　　　　　5厘米

图一七一　（□军卫）千字文玄字号字砖

1. FZB∶136，字位于头部，模印阳文：“中”

2. FZB∶108，字位于头部，模印阳文：“中二”

3. FZB∶444，字位于头部，模印阳文：“中二”

0　　　　　　　　　5厘米

图一七二　　（□军卫）千字文中字号字砖

七　天干地支字号砖

天干由"甲、乙、丙、丁、戊、己、庚、辛、壬、癸"10个字组成,地支由"子、丑、寅、卯、辰、巳、午、未、申、酉、戌、亥"12个字组成。此次收集到的天干地支字号砖仅有"戊"字号标本:FZB：90、96、125(图一七三;彩版一七二)。

天干地支字号砖类多有编号,其内容格式为:戊字 × 号。

八　数字字号砖

数字字号砖是一种在砖面上只有数字编号的字砖。此次收集的数字字号砖标本有:

二号字号砖标本:FZB：105(图一七四,1;彩版一七三,1)。

四号字号砖标本:FZB：115、120(图一七四,2、3;彩版一七四)。

五号字号砖标本:FZB：95、99、135(图一七五;彩版一七五)。

其他数字号字砖标本:FZB ： 121、132、376(图一七六;彩版一七三,2)。

其内容格式为:

× 号;

第 × 号;

数字 ××。

1. FZB：90,字位于头部,模印阳文: "戊字一号"　　2. FZB：96,字位于头部,模印阳文: "戊字一号"　　3. FZB：125,字位于头部,模印阳文: "戊字一号"

0　　　　4厘米

图一七三　 (□军卫)天干地支戊字号字砖

1. FZB：105，字位于头部，模印阳文："二号"

2. FZB：115，字位于头部，模印阳文："第四号"

3. FZB：120，字位于头部，模印阳文："第四号"

0　　　　　　　5厘米

图一七四　（□军卫）数字号字砖

1. FZB：95，字位于头部，模印阳文："五号"

2. FZB：99，字位于头部，戳印阳文："伍号"

3. FZB：135，字位于头部，模印阳文："五"

0　　　　　　　　5厘米

图一七五　　（□军卫）数字号字砖

1. FZB：121，字位于头部，模印阳文："数字"

2. FZB：132，字位于头部，模印阳文："三（？）字号"

0　　　　　　　　　5 厘米

图一七六　（□军卫）数字号字砖

九　均工夫字号砖

均工夫是明代一种按土地田亩数征用的民夫到京城服劳役，被称为均工夫役[1]。此次收集的均工夫字砖标本有：FZB：67、346（图一七七；彩版一七六）。

[1] 均工夫役，是一种明初在南方地区按田亩佥派的徭役，又名均土。洪武元年（1368 年），明太祖朱元璋因京师经营兴作，命中书省议定验田出夫。每顷每年出丁夫一名，农闲赴京服役三十天，期满遣回；田不及顷者，数户凑足共当。当时，南京直隶、应天等十八府及江西饶州、九江、南康三府计有田三十五万七千二百六十九顷，出夫如田之数。但苏州、松江、嘉兴、湖州因该年制办军士战袄而罢均工夫役。洪武三年（1370 年），又命上述出工夫役的二十一府编《均工夫图册》，明确规定田多丁少者可以佃户充役，每名资给米一石；代役如非佃户，田主则按每亩二升五合给米。洪武四年（1371 年），筑晋王朱封藩的太原城，即为令民计田，每顷出一夫。洪武十三年（1380 年），命户部移文各郡县，功臣之家田土亦当此役。各地受遣丁夫，编队赴京应役，每队人无定额。均工夫"验田出夫"原则，还适用于其他徭役，并通行全国。均工夫役大体只实行于江南地区，是组织当地人民到南京应役的办法，其他地区未见实行。一般认为洪武十四年（1381 年）黄册的编制标志着均工夫役的结束，但实际上永乐到宣德时期仍存有均工夫役。

1. FZB：67，字位于侧边，模印阳文：
"囫武四年均工造"

0   5 厘米

2. FZB：346，字位于侧边，模印阳文：
"□□府□□县均工夫役砖"

图一七七 （□军卫）均工夫字砖

其内容格式为：

×××× 均工造；

×× 府 ×× 县均工夫役砖。

十 署名字号砖

署名字号砖是一种有明确指向的字号砖，但目前我们尚不知道这种字号砖的第一个字是人的名字还是单位的简称。其标本有：

FZB：364，"明字二号"（图一七八，1；彩版一七七，1）。

FZB：372，"商字一号"（图一七八，2；彩版一七七，2）。

2. FZB：372，字位于头部，模印阳文："商字一号"

1. FZB：364，字位于头部，模印阳文："明字二号"

图一七八 （□军卫）明字号、商字号字砖

0　　　　4厘米

第三章　其他类字砖

其他类字砖发现数量比较少，字砖内容具有单一的个性化特征，大体可分为：人名、地名、年号、记事、工程指向等。此类字砖尚不知其具体的烧制单位，故单列一章便于叙述。

一　人名字砖

单一人名字砖极少。此次收集到的标本有：

FZB：145，"王三"（图一七九，1；彩版一七八，1）。

FZB：379，"陈制"（图一八〇；彩版一七八，2）。

FZB：376，"三财"（图一七九，2；彩版一七八，3）。

二　地名字砖

此次收集到的地名字砖标本有：

FZB：139，"正平里"（图一八一；彩版一七九，1）。

FZB：377，"正平"（图一八二，1；彩版一七九，2）。

2. FZB：376，字位于头部，模印阳文："三财"

0 ————————— 5 厘米

1. FZB：145，字位于头部，手写阴文："王三"

图一七九　（其他类）人名字砖

FZB：379，字位于正面，模印阳文："陈制"

0　　　　　　　　5厘米

图一八〇　（其他类）人名字砖

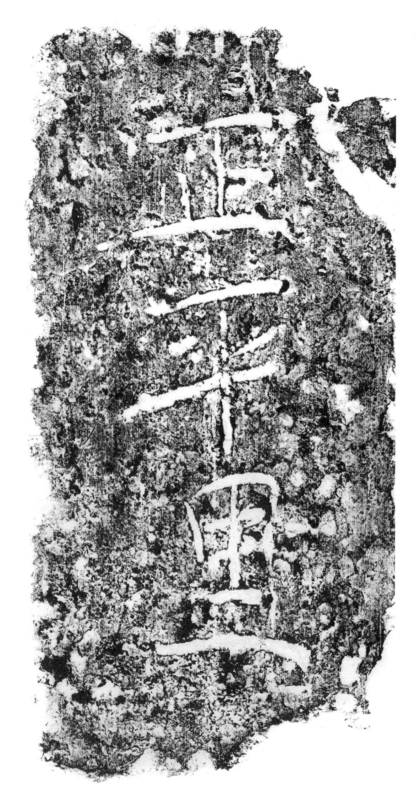

FZB：139，字位于正面，手写阴文："正平里"

0 　　　　　 4 厘米

图一八一　（其他类）地名字砖

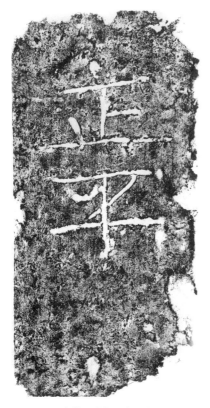

1. FZB：377，字位于头部，手写阴文："正平"

2. FZB：74，字位于头部，模印阳文："五年"

3. FZB：70，字位于侧边，模印阳文："洪武 七年　月　日"

0 ———— 4 厘米

图一八二　（其他类）地名字砖、纪年字砖

三　单一纪年字砖

一般的纪年字砖多数是在地方字砖后署名纪年。此次收集到少数单一纪年字砖标本：

FZB：74，"五年"（图一八二，2；彩版一八〇，1）。

FZB：70，"洪武七年　月　日"（图一八二，3；彩版一八〇，2）。

四　吉祥语字砖

吉祥语字砖比较少，此次收集到的标本有：

FZB：140，"天下太平"（图一八三，1；彩版一八一，1）。

五　工程界限指向字砖

工程界限指向字砖罕见，此次收集到的标本有：

1. FZB：140，字位于头部，模印阳文："天下太平"

2. FZB：138，字位于头部，模印阳文："行何时　2m"

0　　　　　　　　　　5厘米

图一八三　（其他类）吉祥语、记事字砖

FZB：401，"此卿（向）八脚砖"（图一八四，1；彩版一八一，2）。

六　记事字砖

FZB：138，"行何时　2m"（图一八三，2；彩版一八二，1）。

FZB：143，"粮砖"（图一八四，2；彩版一八二，2）。

七　草书字砖

草书字砖有一定的数量，往往因为这些草书字笔画潦草，非常随意和不规范，不知究竟为何字，这里也不能逐一叙述。在这里列举几例草书字砖标本：FZB：142-1、142-2、144-1、144-2、277、308-1、374（图一八五、一八六；彩版一八三；彩版一八四，1）。

八　花纹图案砖

收集的花纹图案砖较少。标本有：FZB：467（彩版一八四，2）。

1. FZB：401，字位于头部，模印阳文："此卿（向）八脚砖"

2. FZB：143，反字位于头部，模印阳文："粮砖"

0　　　　　　　　　5 厘米

图一八四　（其他类）记事字砖

3. FZB：142-2，字位于头部，手
写草书阴文："□"

1. FZB：142-1，字位于侧边，手写
草书阴文："□□□□"

2. FZB：144-1，字位于侧边，手写草
书阴文："我（或龙？）"

4. FZB：144-2，字位于头部，手写
草书阴文："乙卯（？）"

图一八五 （其他类）草书字砖

0　　　　　　　　5厘米

1. FZB：277，字位于侧边，手写草书阴文："廿"

2. FZB：308-1，字位于头部，手写草书阴文："壅"

0 　　　　　　5厘米

图一八六　（其他类）草书字砖

3. FZB：374，字位于侧边，手写草书阴文："包山砖"

第四章　结　语

　　明朝开国皇帝朱元璋于洪武二年（1369年）九月举国力在家乡凤阳营建明代第一座都城——中都，虽然中都于洪武八年（1375年）四月罢建，但是中都城的工程并没有停下来，直至洪武十七年（1384年）仍然还有很多工程在建设。中都城规划宏伟，三道城墙范围广阔，建筑工程浩大，是一座前无古人后无来者，集中国都城之大成者。最值得一提的是，在凤阳除了规模宏大的中都城外，还有朱元璋称吴王时期就开始营建的明代规模最大的皇陵与之遥相呼应，加之营建的龙兴寺庙宇，这三大建筑群紧密相连，构成了一个庞大的明代中都。在凤阳，至今尚遗留许多的文化遗存，特别是留下的数万万块为营建中都而烧制的砖。凤阳明中都于1982年被国务院公布为全国重点文物保护单位，其残城墙与江苏南京、陕西西安、辽宁兴城、浙江临海、湖北荆州和襄阳、安徽寿县等城墙联合被国家文物局列为申报世界文化遗产预备名单，皇城（紫禁城）列为国家考古遗址公园。

　　当年营建中都究竟需要烧造多少建筑用砖，需要多少单位和人力劳作，又是如何统筹调度和管理的等等，历史文献均没有具体记载。中都城究竟有多少建筑群，这些建筑群的每个建筑体量有多大均无考，当年这些建筑群也已经不复存在了。因此，中都城的用砖数量将永远是个无法统计的未知数。王剑英、孙祥宽、夏玉润等三位先生曾对中都城做过详细的野外调查并结合文献进行了深入的研究，在他们的著作中对中都城建筑用砖数量均写了个大约的数字。如：王剑英："明朝自洪武二年九月修建中都城到洪武八年罢建中都，修建了大量建筑物，用砖不可胜数……一时还难以估计确切的用砖数量，但总数约计总在百万以上。"[1]孙祥宽："初步估算，中都建筑约耗砖上亿块。"[2]夏玉润："中都城砖究竟有多少？谁也说不清楚。建国后原安徽省第四监狱（今凤阳党校）的大群建筑，是仅扒了几座桥便盖起来的。1968年至1969年，在不到一年时间，凤阳县为了增加财政收入，仅卖到上海的城砖便有几百万块。1974年春，城西公社提供80万块城砖兴建临淮化肥厂，仅扒了外金水桥、东华门、西华门内大桥各一座以及午门楼。1974年7月，城西公社盖办公大楼，结果内五龙桥的砖没有扒完，一栋二层楼就盖起来了。

［1］王剑英等：《明中都研究》，中国青年出版社，2005年。
［2］孙祥宽：《凤阳名胜大观》，黄山书社，2005年。

如果把中都皇城、禁垣……总数大约为万万计。"[1]

明代营建凤阳中都、皇陵、龙兴寺等建筑群，征调各府、县地方劳役和守卫军队为其烧砖，制砖数量无考。从此次收集整理的中都字砖铭文内容来看，当年中都建筑砖烧造设立有专门机构、官员来统一管理，因数量巨大，一方面摊派到各地方府（江苏、江西、安徽、湖南、湖北等五省内）、州、县单位征调役夫集中到凤阳周边地区统一烧造，另一方面摊派给凤阳留守司各个军卫、所烧造。

如今，各地方和军卫的烧砖具体窑场地点还不完全清楚，有待今后田野考古学研究解决。凤阳留守司各军卫建窑烧砖的地点基本可以确定是在中都城附近，在如今的凤阳境内发现多处大面积明代烧砖窑场遗址，并有整窑砖遗留的现象。据说在这些遗留的窑砖中发现有军卫字砖，如在皇城东七里独山大队小铁路基附近独山涧旁，分布有大量明代烧中都建筑砖窑，曾挖出过未出窑的整窑砖。当地老人讲，西庄周围方圆七八里地分布有几百个砖窑。1981 年 3 月调查人员现场勘察，挖出金字号字砖及残存窑，说明这片窑址是驻守中都的军队的烧砖窑场之一。关于各个地方府、县在凤阳烧砖窑场的确切地点，没有进行野外深入考古调查和勘探工作，目前尚难以确定。据说在凤阳周边地区还发现有独山东窑湾、城西公社南窑湾、老人桥南等多处烧砖窑场，这些砖窑遗址可能是各地方府、县在凤阳的烧砖窑场。我们通过这些大量分布的窑场分析，各地方征调役夫到凤阳烧砖的可能性很大，因为每块砖重 50 斤左右，如果在外地烧砖运来，路途遥远，从几百里或千里之外烧砖运到凤阳来是很艰难的。尽管这样，尚不能排除外地运砖来的可能性，需要对凤阳周边发现的窑场做进一步考古调查取证或考古发掘研究。

为了证明城砖的产地，我们邀请中国科技大学结构中心将采集的字砖标本与大牛郢、府城镇、胡府三处窑址碎砖和窑址土样进行科学检测比对，验证了这些字砖标本多为本地烧造（见本书附录一）。2013 年，我们对三处窑址进行实地调查采样，走访当地村民，村民带我们实地指认发现窑炉的地方，现在村内不少建筑墙上还留有从那些窑炉中取回来的砖头。经实地勘察，窑址地表均为农田，地表遗留有碎砖和红烧土颗粒及小块，这些青砖碎块结构、颜色、大小均具有明代中都城建筑砖的特征，这些窑场应是明代营建中都城窑场。局部解剖了解到，耕土层下为红烧土地层，应与窑炉有关。这些窑址所在的地貌在明代都是高地，是建窑炉首选之地，并临近水源，地下土质结构为生黄土，是最适合烧砖的泥土。

一 凤阳明中都字砖研究

中都城部分城墙和鼓楼台基保存至今，其砖墙外部表面上可以清晰地看到很多字砖，特别是散失在民间的中都城建筑砖也发现大量带铭文的字砖。中都城字砖很早就引起人们的关注，特别是文化、文物部门在 20 世纪五六十年代开始关注。1966 年 "文化大革命" 以来更引起了学者们研究之风，最值得褒奖的是北京下放凤阳教育部 "五七" 干校的王

[1] 夏玉润：《朱元璋与凤阳》，黄山书社，2003 年。

剑英先生，他对消失的明中都遗存进行了多年不懈的野外实地考察、测量、记录、拍照，并查阅大量的史料，编撰了《明中都城考》。王剑英先生去世后，此著作经他爱人陈毓秀和女儿王红及陈怀仁、夏玉润等多人整理、补充，并以《明中都研究》书名重新刊印出版（中国青年出版社，2005 年）。之后，凤阳县文化馆夏玉润先生出版了《朱元璋与凤阳》（黄山书社，2003 年），凤阳县文物管理所孙祥宽先生编著《凤阳名胜大观》（黄山书社，2005 年）。三位先生根据自己所收集的中都字砖材料，在各自的著作中均单独列有一章对字砖进行专门的介绍与研究。2009 年至 2012 年在第二次维修凤阳明中都皇城午门过程中，从大量民间征集的明代中都废旧建筑砖中收集 500 余块字砖，2013 年至 2014 年进行整理，编撰了《凤阳明中都字砖》，这应是目前凤阳明代中都字砖研究最翔实的一部专著。

中都建筑砖大部分是无字砖，本书收集整理的几百块字砖，只是数万万块中都建筑砖中的一小部分。因此，砖文内容具有一定的局限性，不能完整反映整个凤阳明中都建筑字砖的全部内涵。但是，尽管数量少，却也提供了大量的信息。本书收集整理到的砖文中记载烧造单位的有今安徽、江苏、江西、湖南、湖北 5 省内的 13 府 34 县地方砖和凤阳 1 个军卫留守司 3 个军卫 17 个所及千户、百户、总旗、小旗等军卫砖。还有一些其他类军卫烧造的字砖 12 种，如：字号、四季、五德、五常、五行、六艺、纪年、天干地支、千字文、人名、均工夫等。还有极少数记载工程范围的方位等，也是军卫烧造的字砖。

王剑英先生认为："营建明中都所用的砖，具体由哪些单位负责烧造，无史料记载。到目前为止，已发现：

一，地方烧造的砖：有南京（江苏、安徽）、江西省、湖广省的 22 府 68 县以及不知地名的都、府砖和均工夫砖。

二，军队负责烧造的砖：有驻本地的留守卫、凤阳卫、怀远卫、长淮卫的砖以及少量墨书由应天卫、扬州卫等运到的砖；有百户、总旗、小旗军人各砖 115 种；有军人名的金木水火土五行砖 86 种。

三，字号砖：如仁、义、礼、智、信；温、良、恭、俭、让；春、夏、秋、冬；一、二、三、四、五、六、七、八、九、十等 135 种。

四，标明系罪犯所烧造的少量刑狱砖。"

孙祥宽先生认为："地方烧造的砖，目前共发现署名有南京、江西省、湖广省（今湖南、湖北）的 22 府、71 州县、两个巡检司铭文的砖，以及一些不知所属的府、都、镇，均工夫烧造的砖，总计近百种。"

夏玉润先生认为："地名砖，又称地方烧造的砖。目前，共发现有直隶南京、江西、湖广两省 22 府、68 县、2 个巡检司的砖。"

集中归纳本专著和王剑英、孙祥宽、夏玉润三位先生书中收集的中都城字砖的烧造单位列表统计如下（表一~表三）。

从表一至表三所列可知，到目前总共收集到的字砖有今 5 省内 22 府 76 州县和 1 司 3 卫 17 所和千户、百户、总旗、小旗等军卫烧造的砖，还有 2 个巡检司和五常、五德、四

表一 历年来收集的凤阳明中都地方烧砖单位一览表

省	府	州、县	备注
江西省	南昌府	进贤县、南昌县、新建县、奉新县、靖安县、武宁县、宁县、北六县	8县
	吉安府	吉水县、泰和县、庐陵县、万安县、永丰县、安福县、永新县、永宁县	8县
	广信府	贵溪县、铅山县、永丰县	3县
	袁州府	萍乡县、宜春县	2县
	赣州府	宜都县、赣县、安远县、龙南县、会昌县、信丰县、瑞金县	7县
	抚州府	临川县、临江县、金溪县、崇仁县	4县
	临江府	新喻县、新淦县、清江县	3县
	建昌府	南丰县、广昌县、南城县	3县
	饶州府	乐平县	1县
	九江府	瑞昌县	1县
江苏省	淮安府	海州、海州赣榆县、安东县、沭阳县、桃源县、盐城县、山阳县、清河县	8县
	镇江府	丹徒县、丹阳县、金坛县	3县
	扬州府	海门县、泰兴县、通州、高邮州、江都县、仪征县、兴化县、六合县	8县
安徽省	安庆府	怀宁县、桐城县、潜山县、太湖县、宿松县、望江县	6县
	宁国府	宣城县	1县
湖北省	武昌府	浒黄洲镇巡检司、金口镇巡检司	2巡检司
	黄州府	麻城县、黄冈县	2县
	汉阳府	汉阳县、汉川县	2县
	岳州府	巴陵县	1县
湖南省	常德府	龙阳县	1县
	长沙府	长沙县、浏阳县、湘乡县	3县
	衡州府	常宁县	1县

表二 历年来收集的凤阳明中都军卫烧砖单位一览表

军卫	所、千户、百户、总旗、小旗	备注
凤阳卫	左所、右所、后所、中左所、中右所	5所
长淮卫	后所、中左所	2所
怀远卫	前所、后所、左所、中所、右所	5所
留守司	后所、右所、中左所、中右所、中后所	5所
户、旗	千户、百户、总旗、小旗	4个单位

表三　历年来收集的凤阳明中都军卫字号、其他类字砖一览表

名称	军卫字号、其他类	备注
墨书字砖	在午门内金水桥下发现两块墨笔书写的砖："应天卫后所百户□□□总旗陈信小旗□贵，运到城砖一千块整□洪武六年九月七日"，"扬州卫右所百户刘青石小旗王均用胡名运到砖一千块整"。	2个单位
五常字砖	仁一、仁二、仁字号；义字号、义二；（礼）；智二；（信）	8种
五德字砖	温字号；良字号；恭字号；（俭）；让字号。	5种
四季字砖	（春）；夏字二号；秋二、秋字二号、秋字三号；（冬）	6种
天干地支字砖	戊字号、戊字一号	2种
数字字砖	二号、五、五号、第四号、数字□	5种
五行字砖	金字号、金字四、七号总旗□□、十号； 木字一、五、八、九、十号； 水字三、五、六、七、八、九； 火字一号总旗赵□、二号总旗□□、四号总旗曹清、五号总旗徐□木、七号总旗安山、九； 土字二号总旗王直、三号总旗□□、四号总旗□义、七号总旗沈得	24种
千字文字砖	玄号、玄字一号、玄二号、玄五号、玄六号； 中、中二	7种
均工夫字砖	洪武四年均工造、××府××县均工夫役砖、临江府新淦县洪武四年均工夫造、临江府新□县十一都均工夫造	4种
年号字砖	五年、洪武四、七、十、十一年　月　日等	5种
人名地名字砖	三财、王三、陈制、正平里、平里、包山	6种
六艺字砖	乐字号	1种
其他类字砖	天下太平；行何时；商字一号；明字二号；粮砖；此卿（向）八脚砖；草书字砖	7种
	一，都：十六部（都）、廿都上、卅都、拾玖都、六十三都立等； 二，镇：城隍镇	6种

季、天干地支、数字、五行、均工夫、年号、千字文、人名、六艺、其他等字号砖88种。还发现墨书应天卫后所和扬州卫右所两个军卫所运到中都城城砖一千块整等字砖。烧砖单位和字砖种类是历年来至今收集整理明中都字砖最多的，字砖内容比较丰富，基本勾勒出烧造凤阳明中都建筑砖的梗概，还原了缺失的文献记载真面貌。

　　本书收集整理的字砖可分为地方字砖、军卫字砖和其他类字砖等。各个烧砖单位砖文内容不尽相同，说明砖铭并没有统一的格式要求。地方字砖上的文字格式主要是以府、州、县来署名，铭文格式也基本一致，只是在字砖字数或内容上略有差异。军卫字砖主要是围绕凤阳中都驻军司、卫、所、户、旗等为烧砖单位统一署名，其铭文格式和内容也基本一致。其他类字砖格式和内容依内容而定，字数比较少，有人名、地名、年号、记事、工程界限等。

　　中都城字砖铭文主要是记载烧制单位和管理者、烧制者、纪年等。江苏省内各个烧砖单位砖文记载得最为详细，不仅记载府、州、县，还记载有管理者官衔、官名和工匠、匠人名字，少数有纪年等。其他省内各个烧砖单位所烧砖文记载就比较简单，多数仅有府、县，少数有纪年等。

二 凤阳明中都字砖的历史价值

明中都的建筑砖质量要求非常之高，其硕大的规格尺寸和工艺技术流程设定开一代先例，由历代小砖改型为统一的大青砖。砖长多为40厘米，宽20厘米，厚11厘米，误差在1~3厘米左右，重40~50斤左右，还发现有个别薄砖和特大型砖，特大型砖厚至13~14厘米。这种体大厚重的中都大青砖构成了明代砖的标准规格，是明代砖的特征，开创历代建筑砖新的类型。

字砖铭文多位于砖的长侧边或端头上，少数在平面上，也有少数砖文位于两侧或一侧与端头的。砖文有横写、直写，一般从右到左，或从左到右，从上到下等格式，说明在明代已有从左到右的写法了。砖文字数没有统一性，而是各行其是，字数之间相差很多。砖文的字多字少也并非没有规律可循，大约为如今一个省级行政区域内各个府、县砖文字数具有较强的一致性，凤阳军卫各个卫、所砖文字数亦有一定的统一性等。这也说明砖文在明代除了继承历代记事特征外，还具有较强的个性特征，起到了承前启后的作用。

中都字砖标明最多的是府、县两级地方所烧造的砖，其次为中都军卫、所烧造的砖，极少量其他类烧造的砖。从这些大量的砖文所记载的烧造单位和官员、工匠、纪年等内容来看，其功能主要是一种记载烧砖单位和责任人等的标签，起到烧砖单位数量统计和质量检验的标记。

砖文制作方法大体上有三种，模印和戳印最多，少数为手写刻画。模印就是将字刻在砖坯的"模子"上，砖坯制作出来就印上字了。戳印就是将字刻在类似印章样的"戳子"上，在制作好未干的砖坯上戳印。手写刻划是在未干的砖坯上用尖硬棒子刻写或用刀刻写。还有极少的墨书字砖或凿刻文字等。砖文多为正文，少数为反文，形体有阴文和阳文，字体有楷书、行书、草书等。从这批文字来看，不乏有一定数量的简化字、民间字和借用字，而且字体写法多不规范，包括模印字的字体多有随意性的一面，其他字体随意性更强，这说明字砖上的铭文没有官方的统一规范标准，也看不出是专门的文人来刻意统一制作，而更多的是识字不多的工匠所为。故砖文字体显现出随意性和多样性，除了一些官方字体，如：楷书、行书、草书外，还有一部分民间流行的简体文字、缺笔画字、异体字或自创体字等等。如："贰"字写为"貮"、"弍"字；总旗的"总"字都印成"惣"、"捴"、"縂"；"旗"字有时也写成"其"字。另外，还有一些如"叓"、"兜"等不规范的字，这些写法不见于史书，不见于辞典，因此不知是否是当时流行的写法，还是有意避讳。砖铭文字中的草书和墨书字体大都信笔急就，飞舞自然。

字砖作为文字的载体历史渊源流长，可以追溯到陶器上的刻划符号，目前考古证明在不同地区的新石器时代文化中均发现陶器刻划符号，被一些文字学家称为"陶文"并进行了不懈的深入研究释读。最早的陶器刻划符号产生在淮河流域上游9000年前的贾湖文化和7000年前的双墩文化中。特别是淮河流域中游地区的双墩文化成套具有象形、假借、寓意和单体、重体、多重体、到组合体等字根性质的陶器刻划符号，是人类对自然界天、地、人三者之间认识的记录，是人类几十万年的经验积累和创造发明。陶器是新石器时代具有文字性质的记事刻划符号最重要的载体。建筑砖中的字砖继承和延续了陶器这一重要记事文字的载体之职，也就是说，字砖是文字不可或缺的重要载体和历史史料。

砖文不仅是当时社会用于书写的流行字体，反映民间最基层的文字书法，更重要的是记载了中国字体演变的过程，为我们研究古代民间书法提供了第一手资料，具有很高而直接的艺术价值。砖文书法的艺术价值表现是多方面的。如：（1）写意。这一类砖文并不过分注重章法的完整，结体自然，线条率逸，追求书法"写"的意趣。作者以砖当纸，信手疾书的潇洒风姿，让人充分领略到大写意手法的魅力。（2）变形。这种变形手法是一种合理的汉字结构笔画长短、疏密、奇正及点画的字体形态，以表现富于个性的情感形式和审美趣味。变形是视觉艺术普遍应用的创作手段，任何一件书法艺术品的成立都离不开程度不同的变形。（3）装饰。装饰砖文的特征，在于人为地美化汉字的线条及其空间构成，强调规律与秩序，其视觉效果类似图案花纹。装饰手法所产生的强烈美感，更接近于图案书的效果，往往与书法的主旨背道而驰。（4）规范。此类砖文采用严谨的、规范化的各种书体，点画动合矩度，注重技法程序。采用规范手法的砖文，一部分过犹不及，陷入形式主义的泥坑，已无艺术性可言了。

砖作为文字的载体是研究历史的重要实物资料。最早的字砖出现在战国时期，齐国有砖文；陕西咸阳出土一批字砖，砖文多为"左、右司空"、"寺水"、"大水"、"左水"、"右水"、"宫水"、"北司"等中央官署制陶作坊（单位）。早期砖文大多数为戳印，少数为刻划，字数很少，与同时期的瓦文、陶器铭文十分相似，所以过去的文献将它们统称为"陶文"。这种现象从战国末期一直延续到西汉初期。汉武帝之后，砖文从单一的玺印式（戳印）转变为多种方式制作（刻划、模印、书写等）的文字形式，到了东汉以后各地都有不同形式的制作方式的字砖发现。

（1）记名字砖出现最早，一般只有几个字。有官署名、官职名、地名、人名、物名等。

（2）标记字砖是制砖或建筑时工匠留下的记号，有数目、尺寸、方位等。标记砖文与砖的生产、使用紧密相连，无论是刻划的、书写的，还是戳印的都有明确的目的。

（3）吉语字砖包括吉祥如意、延年益寿、赐福子孙等等。还有"与天地无极"、"与地无极"、"延年益寿与天相侍日月同光"、"长乐未央"砖，东汉有"大吉祥"、"宜子孙"、"阳遂富贵"、"万岁不败"等。

（4）纪年字砖较多，最多的是汉魏至南北朝时期墓砖中的纪年字砖。如"永平"、"建元二年"、"元康七年七月七日"、"永兴三年闰月甲申朔廿日"、"梁大同六年作"等。还有纪年砖带记名、记事、吉祥语的墓砖等，如"晋宁康三年刘氏女墓"、"太康十年造吉羊"。还有纪年砖带籍贯、官职的墓砖，这与墓志内容比较接近，如"晋大兴二年六月丁酉驸马都尉朱君妻吴氏卒"。这个时期除大量专门烧制的花纹墓砖装饰墓室外，还有纪年砖镶嵌在墓壁砖中，为研究墓葬的年代提供了依据，同时也是研究我国书体演变的绝好材料。

（5）记事字砖较少，一般都出自墓中。有记录社会的重大变革，如"晋平吴"、"天下太平"；有记一件具体的事情，如"太和七年界？陈王（曹植）砖"等。

（6）墓志字砖（墓志铭）最早见于曹魏南北朝时期，记载死者姓名、籍贯、身份、家事、生平事迹、生卒年月及埋葬时间等，有的附韵语表达悼念哀思之情。

（7）买地券字砖源于东汉，是一种随葬墓中的古代类似买地契约的文书。记载内容包括死者姓名、死亡年月、土地来源、数量、范围、土地价值、契约证明人等。

（8）随笔字砖在墓葬中多与墓主人无关，也不是制砖标记，是工匠在制砖劳动空闲时间信手刻划的。内容广泛，有诗句、套语、议论、情感抒发等。如安徽曹氏宗族墓砖等。

砖文的出现和发展正是我国古代字体书法演变的时期，它不仅对历史和考古研究具有重要的价值，也是研究古代文字书法演变史的宝贵资料。制砖工匠随手刻划的砖铭不仅内容丰富，题材广泛，而且形式自由，字体粗犷奔放，是研究古代民间书法的宝贵资料。

砖文是古代民间书法的遗产。从古至今所发现的砖铭大多为民间书手所作。民间艺术是人类文明的重要组成部分。同样，民间书法也是祖国书法遗产中不容忽视的一个方面。中国书法字体演变历史告诉我们，其演变原因总是出于人民群众在使用文字的实践中趋于简便的需要和美化的追求。所以，民间书法能最直接地向我们展示这一演化过程中的各个断面，而砖文作为民间书法的重要组成部分，更具有其他方面所难以企及的地位，即砖文的兴盛时期——两汉至六朝，恰恰是书法与笔法演变最激烈的时期。砖文所包容的书体十分全面。这些丰富的砖文字体为研究我国文字和书法的发展提供了资料，扩大了砖文的研究领域，证明字砖也是文字传承的载体，特别是一些简体字和异体字流传年代可谓久远，可供文字研究或改革参考，大量的砖铭内容为历史研究提供真实的实物资料。

早期的砖是为皇家建造宫殿和陵墓而大批量的烧制，通过责任官员严格质量检查。这一点可从砖铭中找到管理机构和官员及工匠名字加以认定，这是一种典型的标记，具有责任人的含义。东汉以后砖才大量出现在民间建筑和墓葬中。

早期砖文主要出自墓葬中，字砖内容多是墓志性质，自唐代墓碑兴起后，砖文墓志即退出历史舞台。明代始大量字砖出现在都城建筑用砖上，砖文内容主要是烧砖单位官员工匠等标记性质。

砖作为文字的载体，是研究人类历史的重要实物资料。丰富的凤阳明中都建筑字砖佐证了明初营建第一座都城的历史和烧制建筑用砖的单位（府、州、县、军卫、所等）、机构（主簿、提调官、司吏、县丞、千户、百户、总旗、小旗等）、官员、工匠等。其记载内容生动地反映了当年千军万马艰辛劳作营建中都的动态场景。明初同时营建皇陵、中都城、南京都城三大宏伟工程，征用全国的人力物力，劳役摊派超负荷，民不聊生。据研究者论证，文学作品"孟姜女哭长城"就是以明初这段历史为背景创作的。这些遗留至今的残存带铭字砖为研究中都营建历史提供了珍贵的实物史料。

附表

凤阳明中都字砖整理登记一览表

一 江西地方字砖登记表

整理编号	砖文	长、宽、厚（厘米）	重量（千克）	砖文位置	模式
250	南昌府	长 37、宽 17.5、厚 11	12.75	字位于侧边	戳印阴文
284	南昌府	长 38.5、宽 20、厚 11	13.8	字位于头部	模印阳文
294	南昌府	长 41、宽 19、厚 10	12.8	残一角，字位于头部	模印阳文
404	南昌府	长 40、宽 20、厚 11	13.4	残一角，字位于头部	戳印阳文
416	南昌府	长 37、宽 17、厚 9	10.75	字位于侧边	戳印阴文
114	南昌府进贤县地□字号	长 36.5、宽 20、厚 10	13.6	字位于头部	模印阳文
192	南昌府进贤县	残长 19、宽 17.5、厚 9.5	5.75	残，字位于头部	模印阴文
208	南昌府进贤县	长 39、宽 19.5、厚 10	14.2	字位于头部	戳印阳文
243	南昌府进贤县	长 37.5、宽 18.5、厚 9	12.7	字位于头部	戳印阴文
283	南昌府进贤县	残长 21、宽 19.5、厚 10	6.6	残，字位于头部	戳印阴文
291	南昌府进圙圙	长 38、宽 18、厚 11	12.8	残，字位于头部	模印阳文
299	南昌府进贤县	长 41、宽 19、厚 11	16.3	字位于头部	模印阳文
403	南昌府进贤县	长 38、宽 19、厚 10	13.8	字位于头部	模印阳文
408	南昌府进贤县	长 36.5、宽 19、厚 9	13.35	字位于头部	戳印阴文
409	南昌府进贤县	长 40、宽 20、厚 11	14.8	字位于侧边	模印阴文
420	南昌府进贤县	长 38、宽 18、厚 10	11.3	字位于头部	模印阳文
425	南昌府进贤县	长 40、宽 21、厚 12	17.25	字位于头部	模印阳文
426	南昌府进贤县	长 37、宽 20、厚 10	13.25	字位于头部	戳印阴文
428	南昌府进贤县九年二月	长 37、宽 19、厚 10	12.85	字位于头部	模印阴文
138	南昌府南昌县	长 30、宽 18.5、厚 10	10.65	残，字位于头部及侧边	模印阳文
186	南昌府南昌县	长 39、宽 19、厚 9	12.05	字位于侧边	模印阳文
188	南昌府南昌县	长 41.5、宽 20、厚 10.5	14.75	残，字位于侧边	戳印阳文
189	南昌府南昌县	长 41、宽 20、厚 9.5	12.85	字位于侧边	戳印阳文
194	南昌府南昌县	长 40、宽 20、厚 10.5	13.65	字位于头部、侧边	戳印阳文
199	南昌府南昌县	长 38、宽 18、厚 10	12.6	字位于头部	戳印阳文

续表

整理编号	砖文	长、宽、厚（厘米）	重量（千克）	砖文位置	模式
206	南昌府南昌圃	长 42、宽 20、厚 10.5	15.8	字位于侧边	刻画阴文
209	南昌府南昌县	长 39、宽 20、厚 10	12.5	字位于侧边	模印阳文
212	南昌府南昌县	长 40、宽 20、厚 10	14.55	字位于侧边	模印阳文
212-1	南昌府南昌县	长 41、宽 20、厚 10	15.5	字位于侧边	戳印阴文
219	南昌府南昌县	长 41、宽 20、厚 10	15.5	字位于侧边	戳印阴文
228	南昌府南昌县造	长 36、宽 19、厚 10	13.75	字位于侧边	戳印阳文
231	南昌府南昌县造	长 43、宽 20、厚 10	14.95	字位于侧边	戳印阳文
232	南昌府南昌县造	长 40.5、宽 19.5、厚 10.5	15.8	字位于侧边	戳印阳文
241	南昌府南昌县	长 41.5、宽 19、厚 11	15.5	字位于侧边	模印阳文
248	南昌府南昌县	长 40、宽 18.5、厚 10	14.5	字位于侧边	戳印阳文
261	南昌府南昌县	长 39.5、宽 18、厚 10	13	字位于侧边	戳印阳文
262	南昌府南昌县	长 40.5、宽 20、厚 11	15.5	字位于侧边	戳印阴文
266	南昌府南昌县	长 40、宽 18、厚 9.5	13.6	字位于头部	戳印阴文
286	南昌府南昌县	长 39、宽 19、厚 10	13	字位于侧边	模印阳文
302	南昌府南昌县造	长 43、宽 22、厚 12	19	字位于侧边	戳印阴文
396	南昌府南昌县	长 40、宽 20、厚 11	15.1	字位于侧边	模印阳文
400	南昌府南昌县	长 39、宽 19、厚 11	14.35	字位于侧边	刻画阴文
407	南昌府南昌县	长 41.5、宽 20、厚 10	14.4	字位于侧边	刻画阴文
411	南昌府南昌县	长 40、宽 21、厚 10	15.3	字位于侧边	刻画阴文
415	南昌府南昌县	长 40、宽 19、厚 10	13.55	字位于侧边	戳印阳文
422	南昌府南昌［县］	长 39、宽 17、厚 10	11.45	字位于头部	模印阳文
429	南昌府南昌县	长 42、宽 20、厚 10	14.8	字位于侧边	模印阴文
430	南昌县	残长 25、宽 20、厚 11	10.25	残存一半，字位于侧边	戳印阳文
441	南昌府南昌县	长 42、宽 19.5、厚 11	15.15	残，字位于侧边	戳印阴文
451	南昌□□□	残长 19、宽 19、厚 10	5.55	残，字位于侧边	戳印阳文
190	南昌府新建县上	长 42、宽 20、厚 11.5	18.15	字位于侧边	模印阳文
197	南昌府新建县	长 44、宽 21、厚 12	18	字位于侧边	戳印阳文
255	南昌府新建县□□番	长 43.5、宽 22、厚 12	20.7	字位于侧边	模印阳文
202	南昌府奉新县	长 38.5、宽 19、厚 9.5	14.5	字位于头部	戳印阴文
289	南昌府奉新县	长 39、宽 19、厚 11.5	15.05	字位于头部	戳印阴文
301	南昌府奉新县	长 42、宽 20、厚 12	15.5	残一头，字位于头部	模印阳文
401	南昌府奉新县	长 44、宽 21、厚 11.5	18.9	字位于头部及侧边	模印阳文
227	南昌府靖安县	长 36.5、宽 18.5、厚 8.5	10.85	字位于侧边	模印阳文
230-1	吉安府造	长 38、宽 19、厚 10	14.9	字位于侧边	戳印阴文
230	吉安府	长 38、宽 19、厚 10	14.9	字位于头部	戳印阴文

续表

整理编号	砖文	长、宽、厚（厘米）	重量（千克）	砖文位置	模式
265	吉安府造	长 38、宽 19、厚 9	13.1	字位于侧边	戳印阳文
187	吉安府吉水县	长 39、宽 19、厚 10.5	14.5	字位于头部	戳印阳文
191	吉安府吉水县成造	残长 29、宽 18.5、厚 9.5	8.45	残，字位于头部	模印阳文
201	吉水县	长 34.5、宽 16、厚 7.5	8.2	字位于头部	模印阳文
251	吉安府吉水县造	长 39、宽 19.5、厚 9	13.4	字位于侧边	戳印阴文
292	吉安府吉水县成造	长 39、宽 19、厚 11	13.45	字位于头部	模印阳文
427	吉水县诚造	长 40、宽 20、厚 10	15.75	字位于侧边	戳印阴文
193	吉安府泰和县	长 42、宽 20、厚 11	16.7	字位于侧边	模印阳文
196	吉安府泰和县	长 40、宽 20、厚 10.5	15.2	字位于侧边	戳印阳文
233	吉安府泰和县造	长 40、宽 21、厚 10.5	14.9	字位于侧边	戳印阳文
237	吉安府泰和县	长 40、宽 19、厚 11.5	15.3	字位于侧边	模印阳文
242	吉安府泰和县造	长 40、宽 20、厚 12	15.35	字位于侧边	戳印阳文
244	吉安府泰和县造	长 37.5、宽 18.5、厚 9.5	14.8	字位于侧边	戳印阳文
399	吉安府泰和县	长 38、宽 18、厚 11	15.25	字位于侧边	戳印阳文
141	吉安府庐陵县	长 30、宽 18、厚 10	10.7	残，字位于侧边	戳印阳文
200	吉安府庐陵县造	长 39、宽 19、厚 11	14.65	字位于侧边	戳印阳文
252	吉安府庐陵县	长 41.5、宽 19、厚 12	16.5	字位于侧边	戳印阳文
293	吉安府庐陵县	长 39、宽 20、厚 11	13.55	字位于侧边	戳印阳文
296	吉安府庐陵县	长 39、宽 19、厚 10	13.8	字位于侧边	戳印阳文
423	吉安府庐陵县	长 38、宽 19、厚 10	12.4	字位于侧边	戳印阴文
459	吉安府庐陵县砖	长 38.5、宽 18、厚 10	11.7	字位于侧边	模印阴文
235	吉安府万安县	长 38、宽 19.5、厚 10	14.2	字位于侧边	戳印阴文
245	吉安府万安县砖	长 35.5、宽 18、厚 9	10.9	字位于侧边	戳印阴文
246	吉安府万安县砖	长 38、宽 18、厚 9	11.1	字位于正面	戳印阴文
410	吉安府万安县	长 39、宽 20、厚 11.5	15.7	字位于侧边	戳印阳文
220	广昌县	长 40、宽 19.5、厚 10	15	字位于头部	模印阳文
223	广信府贵溪县造	长 41、宽 21.5、厚 11.5	16.05	字位于侧边	模印阴文
298	［广］信府永丰县	长 40、宽 20、厚 12	16.85	残一角，字位于头部	戳印阴文
414	袁州府	长 39、宽 19、厚 9.5	11.95	字位于侧边	模印阴文
203	袁州府萍乡县造	长 43.5、宽 21.5、厚 10	15.55	字位于正面	戳印阴文
300	袁州府萍乡县造	长 39、宽 21、厚 10	13.45	字位于正面	戳印阴文
418	袁州府萍乡县造	长 39、宽 21、厚 10	12.6	字位于正面	戳印阴文
225	袁州府宜春县造、十九□	长 38.5、宽 20、厚 9	12.15	字位于侧边、正面	戳印阴文
226	袁州府宜春县造	长 40、宽 19、厚 10	14.65	字位于侧边	模印阴文
229	袁州府宜春县造	长 36、宽 17、厚 9	10.2	字位于侧边	模印阴文

续表

整理编号	砖文	长、宽、厚（厘米）	重量（千克）	砖文位置	模式
258	袁州府宜春县造	长 38、宽 19、厚 9.5	11.85	字位于侧边	模印阴文
259	袁州府宜春县造	长 36、宽 19.5、厚 9	11.25	字位于侧边	模印阴文
260	袁州府宜春县	长 38、宽 19、厚 9.5	11.5	字位于侧边	戳印阴文
285	袁州府宜春县造	长 39、宽 19、厚 10	13.25	字位于侧边	戳印阴文
288	袁州府宜春县造	长 36.5、宽 19、厚 9.5	10.8	字位于侧边	戳印阴文
295	袁州府宜春县	长 40、宽 19、厚 10	13.2	字位于侧边	戳印阴文
398	袁州府宜春县造	长 39、宽 20、厚 10	14.9	字位于正面、侧边	戳印阴文
405	袁州府宜春县造	长 38、宽 20、厚 10	11.3	字位于侧边	戳印阴文
421	袁州府分宜县造	长 41、宽 20、厚 10	12.35	字位于侧边	戳印阴文
198	赣州府	残长 29、宽 20、厚 10	11.1	残，字位于头部	戳印阳文
213	赣州府	长 39、宽 20、厚 10	13.15	字位于侧边	戳印阴文
215	赣州府	长 39、宽 19、厚 10	15.4	字位于侧边	戳印阴文
221	赣州府	长 41、宽 20、厚 11.5	17	字位于头部	戳印阴文
236	赣州府	长 39、宽 19.5、厚 10	14.9	字位于头部	戳印阴文
239	赣州府	长 40、宽 20、厚 10.5	14.15	字位于头部	戳印阴文
240	赣州府	长 35、宽 20、厚 11	15.05	字位于头部	戳印阴文
247	赣州府	长 38.5、宽 19、厚 9.5	12.5	字位于侧边	戳印阴文
249	赣州府	长 39.5、宽 19、厚 10	15.55	字位于头部	戳印阴文
406	赣府瑞	长 44、宽 22、厚 11	16.65	字位于头部	戳印阳文
412	赣州府	长 39、宽 22、厚 11.5	13.15	残，字位于侧边	戳印阴文
214	赣州府宜都县造	长 40、宽 20、厚 11	15.7	字位于侧边	戳印阴文
224	赣州府赣县造	长 40、宽 20、厚 10	17.5	字位于头部	模印阳文
234	赣州府赣县	长 41.5、宽 21、厚 11	15.25	字位于头部	模印阳文
257	赣州府安远县提调官主簿司吏唐宗德作匠郁	长 40、宽 20、厚 11	15.8	字位于侧边	模印阳文
419	赣州府龙南造	长 42、宽 20、厚 11.5	16.7	字位于头部	模印阳文
431	会昌县	残长 15、宽 20、厚 11	5.4	仅存头部，字位于头部	模印阳文
463	赣州府会昌圁	长 40、宽 20、厚 11	15.5	字位于头部	模印阳文
185	抚州府临川县造	长 39、宽 20、厚 10	15.9	字位于侧边	模印阳文
195	抚州府临川提调官县丞吴造	长 40、宽 20、厚 10.5	14.9	字位于侧边	模印阴文
204	抚州府临川县	长 39.5、宽 20、厚 10	15.55	反字位于头部	模印阳文
217	抚州府临川县	长 40、宽 20、厚 10.5	15.65	字位于侧边	戳印阴文
218	抚州府临川县□造	长 33、宽 20、厚 10	13.4	字位于侧边	戳印阴文
222	抚州府临川县	长 41、宽 20、厚 11.5	16.55	字位于侧边	戳印阴文
256	抚州府临川县	长 37、宽 19、厚 11	12.65	字位于侧边	戳印阴文

续表

续表

整理编号	砖文	长、宽、厚（厘米）	重量（千克）	砖文位置	模式
263	抚州府临川县	长 39、宽 21、厚 11	16.3	字位于侧边	戳印阴文
264	抚州府临川县造□	长 39、宽 19、厚 9.5	13.35	字位于侧边	戳印阴文
290	抚州府临川县	长 40、宽 20、厚 11	14.95	残一角，字位于侧边	戳印阴文
297	抚州府临川县	长 38、宽 21、厚 11	16.9	字位于侧边	模印阳文
397	抚州府临川县造	长 40、宽 21、厚 11.5	17.1	字位于侧边	戳印阴文
70	抚州府金溪县提调官□□□□ 洪武七年　月　日	长 42、宽 21、厚 13	18.1	字位于侧边	模印阳文
205	临江府新喻县九都	长 35、宽 17、厚 8	8.5	字位于侧边	模印阳文
238	临江府新喻县十一都均工夫造	长 36.5、宽 18、厚 9.5	11.75	残缺一角，字位于侧边	模印阳文
253	临江府新喻县武明□□□□	长 34、宽 15.5、厚 7	7.45	字位于侧边	模印阳文
460	临江府新喻县洪武四年均工夫造	长 40、宽 17、厚 9	11.65	字位于侧边	模印阳文
177	临江府新淦县洪武四年均工夫造	长 38.5、宽 17.5、厚 9.5	12.95	字位于侧边	戳印阴文
413	临江府新淦县	长 34、宽 17、厚 8	8.75	字位于侧边	模印阳文
207	临江府清江县造	长 39、宽 18.5、厚 10	15	字位于头部	戳印阴文
424	清江县造	长 39、宽 21、厚 10	14.9	反字位于侧边	模印阳文
210	建昌府南丰县	长 39、宽 19、厚 10	13.2	字位于头部	模印阳文
211	建昌府南丰县	长 39、宽 19.5、厚 11	16.75	字位于头部	模印阳文
216	圉昌府南丰县	长 40、宽 20、厚 10	16.3	字位于头部	模印阳文
254	建昌府南丰县	长 43、宽 21、厚 13	21.65	字位于头部	模印阳文
287	建昌府南丰县	长 40、宽 20、厚 12	18.85	字位于头部	模印阳文
402	建昌府南丰县	长 39、宽 18、厚 10	12.1	字位于头部	模印阳文
417	饶州府砖	长 40、宽 20、厚 10	13.4	字位于侧边	模印阳文

二　江苏地方字砖登记表

整理编号	砖文	长、宽、厚（厘米）	重量（千克）	砖文位置	模式
61	淮安府海州提调判官刘子实司吏徐庸作匠朱惠山洪武七年　月　日造	长 41、宽 20、厚 12	18.4	字位于侧边	戳印阴文
63	淮安府海州提调判官刘子实司吏徐庸作匠朱惠山洪武七年　月　日造	长 40、宽 20.5、厚 12	18.15	字位于侧边	戳印阴文
68	淮安府海州提调判官刘子实司吏徐庸作匠朱惠山洪武七年　月　日造	长 41.5、宽 20、厚 11	18.05	字位于侧边	戳印阴文
69	淮安府海州提调判官刘子实司吏徐庸作匠朱惠山洪武七年　月　日造	长 40、宽 19、厚 11.5	16.1	字位于侧边	戳印阴文
71	淮安府海州提调判官刘子实司吏徐庸作匠朱惠山洪武七年　月　日造	长 40、宽 20、厚 11.5	16.45	字位于侧边	戳印阴文

续表

整理编号	砖文	长、宽、厚（厘米）	重量（千克）	砖文位置	模式
82	淮安府海州提调判官刘子实司吏徐庸作匠朱惠山洪武七年　月　日造	长 42、宽 19、厚 11.5	18.55	字位于侧边	戳印阴文
148	淮安府海州提调判官刘子实司吏徐庸作匠朱惠山洪武七年　月　日造	长 40、宽 19、厚 12	17.4	字位于侧边	戳印阴文
150	淮安府海州提调判官刘子实［司吏徐庸］作匠朱惠山洪武七年　月　日造	长 41、宽 20、厚 12	18.8	字位于侧边	戳印阴文
152	淮安府海州提调判官刘子实司吏徐庸作匠朱惠山洪武七年　月　日造	长 40、宽 20、厚 11	17.25	字位于侧边	戳印阴文
153	淮安府海州提调判官刘子实司吏徐庸［作匠朱惠］山洪武七年［　月　日造］	长 40、宽 19、厚 11.5	16.25	字位于侧边	戳印阴文
154	淮安府海州提调判官刘子实司吏徐庸作匠朱惠山洪武七年　月　日造	长 40、宽 19、厚 11.5	17.6	字位于侧边	戳印阴文
155	淮安府海州提调判官刘子实司吏徐庸作匠朱惠山洪武七年　囗 日造	长 40、宽 20、厚 12	19	字位于侧边	戳印阴文
156	淮安府海州提调判官刘子实司吏徐庸作匠朱惠山洪武七年　月　日造	长 38、宽 19、厚 10	16.3	字位于侧边	戳印阴文
157	淮安府海州提调判官刘子实司吏徐庸作匠朱惠山囗囗囗囗 月 日造	长 40、宽 18.5、厚 11	15.85	字位于侧边	戳印阴文
158	淮安府海州提调判官刘子实司吏徐庸作匠朱惠山洪武七年　月　日造	长 39、宽 19、厚 11.5	16	字位于侧边	戳印阴文
159	淮安府海州提调判官刘子实司吏徐庸作匠朱惠山洪武七年　月　日造	长 41、宽 20、厚 11.5	17.95	字位于侧边	戳印阴文
160	淮安府海州提调判官刘子实司吏徐庸作匠朱惠山洪武七年　月　日囗	长 41、宽 20、厚 12	19.15	字位于侧边	戳印阴文
161	淮安府海州提调判官刘子实司吏徐庸作匠朱惠山洪武七年　月　日造	长 40、宽 19、厚 11.5	16.8	字位于侧边	戳印阴文
162	淮安府海州提调判官刘子实司吏徐庸作匠朱惠山洪武七年　月　日造	长 40.5、宽 19、厚 11.5	16.65	字位于侧边	戳印阴文
163	淮安府海州提调判官刘子实司吏徐庸作匠朱惠山洪武七年　月　日造	长 40、宽 20、厚 11	17.5	字位于侧边	戳印阴文
164	淮安府海州提调判官刘子实司吏徐庸作匠朱惠山洪武七年　囗 囗造	长 41、宽 19、厚 11	17.45	字位于侧边	戳印阴文
380	囗安府海州提调判官刘子实司吏徐庸作匠朱惠山洪武七年　月　日造	长 41、宽 20、厚 12	19.05	字位于侧边	戳印阴文
381	囗安府海州提调判官刘子实司吏徐庸作匠朱惠山洪武七年　月　日造	长 40、宽 20、厚 11.5	17.4	字位于侧边	戳印阴文
382	淮安府海州提调判官刘子实司吏徐庸作匠朱惠山洪武七年　月　日造	长 41、宽 20、厚 12	17.7	字位于侧边	戳印阴文
383	淮安府海州提调判官刘子实司吏徐庸作匠朱惠山洪武七年　月　日造	长 40、宽 20、厚 12	17.9	字位于侧边	戳印阴文
384	淮安府海州提调判官刘子实司吏徐庸作匠朱惠山洪武七年　月　日造	长 40、宽 19、厚 12	17.25	字位于侧边	戳印阴文
385	淮安府海州提调判官刘子实司吏徐庸作匠朱惠山洪武七年　月　日造	残长 37、宽 20、厚 11.5	16.15	字位于侧边	戳印阴文

续表

整理编号	砖文	长、宽、厚（厘米）	重量（千克）	砖文位置	模式
386	淮安府海州提调判官刘子圀司吏徐庸作匠朱惠山洪武七年 月 日造	长 38、宽 19、厚 11	15.9	字位于侧边	戳印阴文
66	淮安府海州赣榆县提调官主簿范□司吏王彤□作匠黄窑洪武七年 月 日造	长 42、宽 21、厚 11.5	18.5	字位于侧边	戳印阳文
170	淮安府海州赣榆县	长 42、宽 19、厚 10	8.05	残，字位于头部	模印阳文
73	圗安府圂圂县造提调官县丞刘伯钦作头丁成杨圙□圙武七年二月 日	长 37、宽 20、厚 11.5	13.85	字位于头部	戳印阴文
80	淮安府安东县造提调官县丞刘伯钦作头丁成杨遇□洪武七年二月 日	长 38、宽 20、厚 11.5	16.2	字位于头部	戳印阴文
166	淮安府安东县提调官县丞刘伯钦吏季荣	长 40、宽 20、厚 10.5	14.65	字位于侧边	戳印阴文
174	淮安府安东县造提调官县丞刘伯钦作头丁成杨圙□洪武七年二月 日	长 39、宽 20、厚 11	15.55	字位于头部	刻画阴文
178	淮安府安东县造提调官县丞刘伯钦作头丁成杨遇□洪武七年二月 日	长 39、宽 19.5、厚 12	16.65	字位于头部	戳印阴文
388	淮安府安东县造提调官县丞刘伯钦作头丁成杨遇□洪武七年二月 日	长 38、宽 20、厚 11.5	14.6	字位于头部	戳印阴文
389	淮安府安东县造提调官县丞刘伯钦作头丁成杨遇□洪武七年二月 日	长 39、宽 20、厚 11	15.25	字位于头部	戳印阴文
181	淮安府沭阳县圙调官典史王祯司吏何祥礼作匠孙□	长 43、宽 20.5、厚 13	20.85	字位于侧边	模印阳文
392	淮安府桃源县提调官县丞许□人匠□□圙武圮圄 月 日	长 38、宽 20、厚 11	14.1	字位于侧边	模印阳文
394	淮安府盐城县提调官卜□作头孙八二圙圄七年 月 日	长 37、宽 19、厚 10	13.55	字位于侧边	模印阳文
78	［镇江府］丹徒县提调官主簿王谦司吏顾惠义作匠彭万乂	长 42、宽 21、厚 12	19.55	字位于侧边	戳印阳文
81	镇江府丹徒县提调官主簿王谦圙圄顾惠义作匠王旺一	长 43、宽 20、厚 12	18.15	字位于正面、侧边	模印阳文
168	圙江府丹徒县提圙官主簿□□司吏顾惠义作匠聂信四	长 43、宽 21.5、厚 12	20.55	字位于侧边	模印阳文
393	镇江府丹徒圙提调官主簿［王谦］司圄顾惠义作圙□□	长 44、宽 21、厚 11	17.15	残一边，字位于侧边	模印阳文
395	镇江府丹徒县提调官主簿王谦司吏顾惠义作匠□□	长 44、宽 20、厚 12	21.35	字位于侧边	模印阳文
75	圙江府丹阳县提调官主簿李伯延司吏郑良工匠王旺诸□洪武七年 月 日	长 38、宽 20、厚 11.5	17.55	残一头，字位于侧边	模印阳文
76	［镇江府］丹阳县提调官主簿□□司吏郑良作匠王□王□洪武七年 月 日	长 41、宽 20、厚 11.5	17.8	字位于侧边	模印阳文
79	［镇江］府丹阳县圙调圄主圙□□司吏郑良作匠贺□□洪武七年 月 日	长 41、宽 20、厚 12	18.9	字位于侧边	模印阳文
147	圙江府丹阳县提调官主簿李伯延司吏郑良作匠□□洪武七年 月 日造	长 35、宽 21、厚 13	17.5	字位于侧边	模印阳文
167	镇江府丹阳县提调［官主簿李伯延］司吏郑良［作匠王旺诸□□□］洪武七年 月 日	残长 23、宽 19、厚 11.5	8.4	残，字位于侧边	模印阳文

续表

整理编号	砖文	长、宽、厚（厘米）	重量（千克）	砖文位置	模式
452	镇江府丹阳县提调官主簿李伯延司吏郑良□□洪武□年　月　日	长 40、宽 20、厚 12	18.65	字位于侧边	模印阳文
149	圙江府金坛县提调官主簿田仁美司吏汤敬作匠中一洪武七年　月　日	长 39、宽 20、厚 12	17.45	字位于侧边	模印阳文
176	镇江府金坛县提调官主簿田仁美司吏□粮长行昇作匠□□□□□	长 40、宽 19、厚 10.5	15.25	字位于侧边	模印阳文
387	圙江府金坛县提官主簿田仁圙刘谅司吏汤敬作圙□□洪武七年三月二日	长 40、宽 20、厚 13	19.9	残一头，字位于侧边	模印阳文
390	镇江府金坛县提调官主簿田仁美司吏汤敬作匠屠良洪武七年　月　日	长 42、宽 21、厚 13	21.25	字位于侧边	模印阳文
146	海门县	残长 22、宽 18、厚 10	7	残，字位于头部	模印阳文
165	海门县	长 39、宽 19、厚 11	15.45	字位于头部	模印阳文
169	海门圙提调官吏典史郑□□吏□□□□	长 40、宽 19.5、厚 11.5	15.05	字位于头部	模印阳文
172	海门县	长 46、宽 17、厚 10.5	10.75	字位于头部	模印阳文
173	扬州府海门县提调官监史□□义司吏□□□□□□□□	长 41、宽 20、厚 11	15.1	字位于侧边	戳印阳文
391	圙圙圙海门县提调官典史曹□司吏文□作匠□□王	长 37、宽 20、厚 11	14.7	字位于侧边	模印阳文
65	扬州府通州提调□吏日张鹏举司吏明德亮作匠毛胜监造人吏唐子仁洪武七年　月　日造	长 40、宽 20、厚 11.5	13.95	字位于侧边	模印阳文
151	扬州府通州提调官主簿张□□司吏明德亮作匠周江监造人吏唐子仁洪武□月　日造	长 39、宽 20、厚 11.5	15.75	字位于侧边	模印阳文
175	扬州府通州圙圙官吏□□司吏明德圙作匠□□监造人吏□□洪武□年　月　日	长 40、宽 20、厚 12	15.85	字位于侧边	模印阳文
182	［扬］州府通州提调官吏□张鹏举司吏明德亮作匠□□监造人吏唐□□洪武七年二月　日造	长 41、宽 20、厚 12.5	16.3	字位于侧边	模印阳文
171	扬州府兴化县提调官主簿□司吏曹□德作匠郁	长 41.5、宽 20、厚 11.5	17.25	字位于侧边	模印阳文
179	［扬州］府高邮州兴化县造提调官曹□洪武十年　月　日	长 37.5、宽 19、厚 12	14.8	字位于侧边	模印阳文
180	扬圙圙泰圙县提调官主簿周礼司吏王良作匠□□圙圙□年　月　圙	长 42、宽 22、厚 13	18.9	字位于侧边	模印阳文
64	□□州府□□□官判官王□□□司吏陈□□作匠涂圣□洪武年　月　日	长 39、宽 19.5、厚 11.5	15.65	字位于头部	模印阳文
83	□□□□□□吏□□□司吏明□□作匠主簿胜三造人吏唐□仁□□□月　日	长 42、宽 20、厚 11.5	15.25	字位于侧边	模印阳文
84	□□□□李□处司吏郑良作匠王旺诸成洪武七年　月　日	长 37、宽 20、厚 10.5	14.55	字位于侧边	模印阳文
337	提调官主簿周□司吏王良作匠□	长 41、宽 21、厚 13	19.1	字位于侧边	模印阳文
437	□□府通州提调官□□□司吏□□作匠□□	长 38、宽 23、厚 12.5	17.45	残，字位于侧边	模印阳文
438	□□□主簿王谦□□□作匠□□方二	长 43、宽 21、厚 12	21.05	字位于侧边	模印阳文

三　安徽地方字砖登记表

整理编号	砖文	长、宽、厚（厘米）	重量（千克）	砖文位置	模式
307	安庆府	长 37.5、宽 16、厚 8	9.15	反字位于侧边	模印阳文
270	怀宁县造	长 38、宽 17、厚 9	11.35	字位于侧边	手写阴文
271	怀宁县造	长 39.5、宽 18、厚 8.5	11.65	字位于侧边	手写阴文
277	怀宁县造；头部：艹	长 38.5、宽 18、厚 9.5	10.9	残缺一角，字位于侧边	手写阴文
305	怀宁县造	长 39、宽 18、厚 10	12.05	字位于侧边	手写阴文
268	安庆怀宁县 #	长 38、宽 19、厚 10	14.2	字位于侧边	模印阳文
281	安庆怀宁县 #	长 38.5、宽 19、厚 10	14.1	残缺一角，字位于侧边	模印阳文
304	安庆府怀宁县造	长 39、宽 19、厚 8	13.1	字位于侧边	模印阴文
449	安庆府怀宁县	长 34、宽 18、厚 9.5	8.3	残，字位于头部	戳印阳文
276	安庆府桐城县	长 35、宽 16.5、厚 9	11.1	字位于侧边	模印阳文
278	安庆府，桐城县□□	长 38、宽 18、厚 9.5	11.75	字位于侧边	模印阳文
279	安庆府桐城县	长 37、宽 18.5、厚 10	13.5	字位于侧边	戳印阳文
269	安庆府潜山县	长 39、宽 19、厚 9	12.7	字位于侧边	手写阴文
272	安庆府潜山县造	残长 32、宽 19.5、厚 9	9.9	残存三分之二，字位于头部	戳印阴文
280	安庆府潜山县造	长 40、宽 18.5、厚 9.5	13.4	残缺一头，字位于侧边	手写阴文
306	安庆府潜山县成造	长 37、宽 19、厚 11	12.4	稍残，字位于侧边	手写阴文
274	安庆府宿松县	残长 9、宽 15.5、厚 7.5	1.45	残一头，字位于头部	手写阴文
308	安庆府宿松	残长 7、宽 15、厚 6	2.35	残存一半，反字位于头部	模印阳文
267	安庆府，太湖县	长 38.5、宽 18.5、厚 9.5	13.3	字位于头部、侧边	手写阴文，一面印章
275	安庆府太湖县□	长 35.5、宽 17.5、厚 8.5	9.5	字位于侧边	手写阴文
273	安庆府望江	长 37、宽 19.5、厚 8	11.1	字位于头部	模印阳文
303	安庆府望江圕	长 37.5、宽 15.5、厚 9	9.85	字位于侧边	戳印阳文

四　湖北、湖南地方字砖登记表

省	整理编号	砖文	长、宽、厚（厘米）	重量（千克）	砖文位置	模式
湖北省	282	黄州府造	长 37、宽 19、厚 9.5	11.65	残一角，字位于头部	模印阳文
湖南省	183	龙阳县	长 37、宽 18、厚 10	13.55	字位于侧边	戳印阳文
	184	龙阳县	长 36.5、宽 18.5、厚 10	13.3	字位于侧边	戳印阳文

五 凤阳卫字砖登记表

整理编号	砖文	长、宽、厚（厘米）	重量（千克）	砖文位置	模式
39	凤阳卫中左所百户钟名下揔（总）其□□小其张进雷王保□□	长40、宽20、厚13	18.8	残，字位于头部	模印阳文
310	凤阳卫中左所百凹中名揔（总）囶□福小囶□成甫囶人□□造	长41、宽20、厚13.5	21	字位于头部	模印阳文
313	圆阳卫囲左所百凹□名揔（总）囶囶福小其□贵军人□□□造	残长31、宽20、厚13.5	14.45	残，字位于头部	模印阳文
325	凤阳卫中左所百户舍名揔（总）其囶福小其谭德保□□□□	长43、宽20、厚14	21.5	字位于头部	模印阳文
330	圆阳卫中左所百户□□下揔（总）其辛福小其谭德宝军□□□	残长22、宽20、厚12	9.45	仅存头部，字位于头部	模印阳文
335	圆阳卫囲左所百凹□名下揔（总）其辛囶小囶张遇田□保住造	长41.5、宽21、厚13	18.8	残一角，字位于头部	模印阳文
349	凤囷卫囲左所百户□□揔（总）其□福小其□贵军人□□□□	长40、宽20、厚13	21.35	字位于头部	模印阳文
16	凤阳囲左所百户成俊下揔（总）其阮进成小其祁淮安军杨成造	残长15、宽20、厚12.5	6.9	残，字位于头部	模印阳文
44	圆阳卫左所百户成俊下揔（总）其阮进成小其祁淮安军杨成造	残长14、宽19.5、厚13	10.8	残，字位于头部	模印阳文
329	圆阳卫左所百户张俊揔（总）其张甫成小其同文贵军□□□	残长17、宽19、厚13	6.9	仅存头部，字位于头部	模印阳文
332	圆囷囲左所百户成俊下揔（总）其阮进成小其□□军□黄三造	残长43、宽20、厚14	20.05	字位于头部	模印阳文
342	凤阳卫左所百户成俊下揔（总）其阮进成小其祁淮安军杨成造	残长24、宽20、厚13	9.65	仅存一残，字位于头部	模印阳文
433	凤阳卫左所百户张俊下［揔（总）其］阮进张［小其］李秋□□侯四造	长42.5、宽21、厚14	20.1	字位于头部	模印阳文
442	凤阳卫左所百户张俊揔（总）其张甫成小其高兴军马□□□	残长28.5、宽21、厚13.5	14.15	残，字位于头部	模印阳文
469	凤阳中卫左千户所监工百户陈聚总（总）旗邹兴砌城二丈八尺四寸南至本所囷户付成北至本所带管百户谷成洪武十七年三月	长43、宽20、厚14	21.5	字位于正面	刻写阴文
41	凤阳卫囲右所百凹张□□□甫□小其□安住军□□□造	残长30、宽20、厚12.5	12.45	残，字位于头部	模印阳文
59	凤阳卫中右所百户□成囶（总）囶李元中囷其王□□□□□	长40、宽20、厚13	19.2	字位于头部	模印阳文
324	凤阳卫中右所百户张□揔（总）其□□小其□安住军□□□□	残长24、宽20、厚13	9.65	字位于头部	模印阳文
331	凤阳卫中右所百户庐闻揔（总）其任溃小其蔚士中军人□□造	长41、宽20、厚13.5	19.7	残一角，字位于头部	模印阳文
333	圆阳卫中右所百户胡原揔（总）其王德贵小囶张敬囷□曾	长41、宽21、厚13	21.35	字位于头部	模印阳文
348	凤阳卫中右所百户胡原揔（总）其王德贵小其张敬先军曾□□	残长25、宽19、厚13	12.1	仅存一半，字位于头部	模印阳文
450	凤阳卫中右所百户解德揔（总）其杨隆小其李三军□□□□	残长23、宽15、厚9.5	5.6	残，字位于头部	模印阳文

续表

整理编号	砖文	长、宽、厚（厘米）	重量（千克）	砖文位置	模式
454	凤阳卫中右所百户□□捻（总）其□□小其□□军	残长40、宽18、厚11	13.9	字位于头部	模印阳文
12	凤阳卫右所百户□□捻（总）其阮进成小其祁淮安军□□□	残长20、宽20、厚13	7.9	残，字位于头部	模印阳文
15	凤阳卫后所百户孟德捻（总）其王德小其曹□军曹三	残长22、宽20、厚13.5	9	残，字位于头部	模印阳文
22	凤阳卫后所百户孟德捻（总）其王□小其孙□军□□	残长20、宽19.5、厚10.5	6.15	残，字位于头部	模印阳文
50	凤阳卫后所百户孟德捻（总）其王德小其曹□军曹三	残长16、宽19.5、厚13	12.05	残，字位于头部	模印阳文
311	凤阳卫后所百户孟德捻（总）其王德小其曹□军曹□	长40、宽20、厚14	19	残，字位于头部	模印阳文
461	凤阳卫后所百户孟德捻（总）其□德小其□□军□□	残长27、宽20、厚13	11.2	残，字位于头部	模印阳文
468	凤阳卫后所监工百户徐瑝（玺）捻（总）旗□全砌城一丈四尺八寸北至百户成雄南至百户阮泰洪武十七年十月　日	长42.5、宽21、厚14	20.2	字位于正面	刻写阴文
02	凤阳卫□所百户张俊下捻（总）其倪进张□其戴旺军□□造	残长20、宽20、厚13	8.25	残，字位于头部	模印阳文
05	凤阳卫□所百户赵□捻（总）其李四龙小□万大军□朱任等造	残长24、宽19、厚12	8.6	残，字位于头部	模印阳文
09	凤阳卫□□百户□□捻（总）其□□小其□□军□□中□	残长23、宽20、厚23	7.65	残，字位于头部	模印阳文
13	凤阳卫□所百□□俊捻（总）其□甫成小□□□□□□	残长13、宽20、厚13.5	5.4	残，字位于头部	模印阳文
17	凤阳卫□所百户□俊捻（总）其□甫成小□高兴军□□五□造	残长20、宽20、厚13.5	7.7	残，字位于头部	模印阳文
23	凤阳卫□所百户张□下捻（总）其□进张小其□成军安而石造	残长15、宽20、厚13	6.15	残，字位于头部	模印阳文
35	凤阳卫□所百户朱□捻（总）其□信小其杜□□军张□□造	残长11.5、宽18.5、厚13	4.7	残，字位于头部	模印阳文
42	凤阳卫□所百户□俊捻（总）其张甫成小□高兴军□五□造	残长14、宽20、厚13	4.25	残，字位于头部	模印阳文
47	凤阳卫□所百户□□下捻（总）其辛福小其张遇宪□□□造	残长17、宽20、厚13	6.95	残，字位于头部	模印阳文
54	凤阳卫□所百户□□捻（总）其阮进成小其李郎军王□□造	长40.5、宽20、厚13	19.5	残，字位于头部	模印阳文
55	凤阳卫□所百户□成□（总）其进□小其于二军李工造	长39.5、宽20、厚13	20.55	字位于头部	模印阳文
57	凤阳卫□所百户张俊下捻（总）其阮进张小其李秋□侯四造	残长13、宽18、厚13	8.25	残，字位于头部	模印阳文
322	凤阳卫□所百户朱成捻（总）其□信小其□□军李□造	长39、宽20、厚13	20.3	字位于头部	模印阳文
326	凤阳卫□所百户成俊下捻（总）其阮进成小其祁淮安□杨成□	长41.5、宽20、厚12	18.9	残，字位于头部	模印阳文

续表

续表

整理编号	砖文	长、宽、厚（厘米）	重量（千克）	砖文位置	模式
327	圆囿□□圙百户□名捻（总）其□□□小其何遇隆□□□圙	长 42、宽 19、厚 12	17.7	字位于头部	模印阳文
340	圆囿卫□所百户张俊捻（总）其张□成小其祝老□军肖得成造	长 41、宽 20、厚 14	18.3	残一头，字位于头部	模印阳文
341	圆阳卫□所百户□德捻（总）其圙遇安小其□老儿军□□造	长 41、宽 19、厚 13	18.6	字位于头部	模印阳文
343	凤阳卫□所百户赵名捻（总）其马伯贺小其贺成军□□□□	长 42.5、宽 20、厚 13	19.75	字位于头部	模印阳文
436	圆阳卫□所百户□捴（总）其□甫成小其□百彦军□□□□	长 40、宽 18、厚 10	13.05	字位于头部	模印阳文

六　怀远卫、长淮卫字砖登记表

类	整理编号	砖文	长、宽、厚（厘米）	重量（千克）	砖文位置	模式
怀远卫	20	囿右□囿户柯□□（总）旗□□□军张□□□□□	残长 23、宽 20、厚 12	7.95	残，字位于头部	模印阳文
	28	囿右杨□□捻（总）旗□□小旗□□二军□□造	残长 20、宽 19.5、厚 12.5	7.8	残，字位于头部	模印阳文
	49	囿远□马百户总旗□杰军人杨□造	残长 28、宽 19、厚 12	10.35	残，字位于头部	模印阳文
	60	怀左权百户熙	残长 17、宽 22、厚 12	12.15	残，字位于头部	模印阳文
	72	怀中百户方造	长 38、宽 19.5、厚 11.5	18.05	字位于头部	模印阳文
	10	囿前捻（总）其杨□	残长 13、宽 18、厚 10	4.3	残，字位于头部	模印阳文
	46	怀前赵捻（总）旗造	残长 22、宽 20、厚 12.5	9.1	残，字位于头部	模印阳文
	319	怀前祝捻（总）旗造	残长 30、宽 18、厚 10	10.65	残，字位于头部	模印阳文
	334	怀前朱捻（总）旗造	长 39、宽 20、厚 12	17.2	字位于头部	模印阳文
	338	怀前朱捻（总）旗造	残长 32、宽 20、厚 12	14.85	残存大半，字位于头部	模印阳文
	339	怀前杨捻（总）圙造	残长 18、宽 20、厚 13	6.15	仅存头部，字位于头部	模印阳文
	347	怀前朱捻（总）圙造	长 40、宽 19、厚 12	16.3	残一头，字位于两头	模印阳文
	320	怀后百户谭造	残长 11、宽 20、厚 12	3.5	仅存一头，字位于头部	模印阳文
长淮卫	04	长淮卫后所百户徐贵军匠陆官保	残长 9、宽 20、厚 12.5	3.6	残，字位于头部	模印阳文
	08	长淮卫后所百户徐贵军□□	残长 11、宽 14、厚 12	2.55	残，字位于头部	模印阳文
	14	长淮卫后圙囿户徐贵军匠倪□	残长 16、宽 20、厚 12.5	7.25	残，字位于头部	模印阳文
	309	长淮卫后所百户徐贵军匠范青一	长 40、宽 20、厚 14	19.25	字位于头部	模印阳文
	321	长淮卫后所百户徐贵军匠范青一	长 41、宽 20、厚 13	21.15	字位于头部	模印阳文

七 留守司、总旗、小旗、百户字砖登记表

类	整理编号	砖文	长、宽、厚（厘米）	重量（千克）	砖文位置	模式
留守司	06	留守田左囗百户王成囵旗所囗小圆囗九军人囗	残长 18、宽 19、厚 13	7.45	残，字位于头部	模印阳文
	37	留守中左所百户包囵总其囗囗小其囗囗军人囗囗	长 42、宽 20、厚 12.5	19.15	字位于头部	模印阳文
	33	留守司右千户所百户江囗	残长 19.5、宽 19.5、厚 12	8.1	残，字位于头部	模印阳文
	314	留守司左千户所百户王保捻（总）其李王小囵囗囗囗	长 41、宽 20、厚 13	19.75	字位于头部	模印阳文
	45	留守司右所百户王德	长 40、宽 18.5、厚 11	13.7	字位于头部	模印阳文
	52	留守司右所百户佘寿	残长 17、宽 20.5、厚 13	11.2	残，字位于头部	模印阳文
	48	留守中右所百户包俊捻（总）其伊宣甫小其朱囗囗军人江驹囗	长 40、宽 19.5、厚 12	19	字位于头部	模印阳文
	443	留守司后所百户陈用	长 40、宽 20、厚 14	19	字位于头部	模印阳文
	445	留守司后所百户魏聚	残长 26、宽 20、厚 11.5	7.55	残，字位于头部	模印阳文
	447	留守司后所百凹囗囗	残长 23、宽 20、厚 12	9	残，字位于头部	模印阳文
	62	留守囗中囗囵百户王囗所洪武十年	长 41、宽 20、厚 12.5	19.6	字位于头部	模印阳文
	440	留守司囗中右所囗百户杨囗总旗陈智小旗囗囗囗军人囗囗德洪武十年造	长 36、宽 20、厚 13	16.3	字位于头部	模印阳文
总旗	01	捻（总）旗张囗	残长 14、宽 18.5、厚 10	4.2	残，字位于头部	模印阳文
	18	囗囗囗囗囗捻（总）其囗甫成囗高兴军囗囗囗	残长 7.5、残宽 13、厚 13	2.2	残，字位于头部	模印阳文
	19	捻（总）其计昌	残长 15、宽 18.5、厚 11	3.95	残，字位于头部	模印阳文
	25	囗囗二号捻（总）旗囗造	残长 12、宽 17.5、厚 9.5	3.85	残，字位于头部	模印阳文
	29	囵（总）旗陈军囗囗	长 42、宽 21、厚 13	18.6	字位于头部	模印阳文
	30	捻（总）旗周胜	残长 22、宽 18.5、厚 10	6.75	残，字位于头部	模印阳文
	43	囵（总）旗许富	残长 14、宽 19.5、厚 10	4.2	残，字位于头部	模印阳文
	51	捻（总）其张申	残长 31、宽 19、厚 10	10.1	残，字位于头部	模印阳文
	315	捻（总）旗时小旗囗	残长 34、宽 20、厚 12	15.5	残，字位于头部	模印阳文
	316	捻（总）旗史保义	长 38、宽 18、厚 10	12.9	字位于头部	模印阳文
	317	捻（总）其囗忠小其囗贵军囗囗囗	长 40、宽 18、厚 10	14.3	残，字位于头部	模印阳文
	318	捻（总）其赵良囗	长 40、宽 20、厚 11	15.95	字位于头部	模印阳文
	323	捻（总）旗李囗小旗郭囗	长 39、宽 20、厚 11	14.45	字位于头部	模印阳文
	328	捻（总）旗黄荣小旗囗囗	长 41、宽 18、厚 11	14.55	残一角，字位于头部	模印阳文
	344	囗（总）旗黄成小旗朱恭囗军杨	长 39、宽 18、厚 10	14	字位于头部	模印阳文
	350	捻（总）其囗囗	长 39、宽 20、厚 10	13.5	字位于头部	模印阳文
	351	囵（总）旗李寿土字二号	长 39、宽 19、厚 10	14.35	字位于头部	模印阳文
	352	捻（总）旗李小旗李	长 40、宽 20、厚 12	19.5	字位于头部	模印阳文

续表

类	整理编号	砖文	长、宽、厚（厘米）	重量（千克）	砖文位置	模式
总旗	354	捻（总）旗计昌	长 40、宽 19、厚 10	13.45	字位于两头	戳印阳文
	375	圈（总）旗丁德土字二号	长 38、宽 19、厚 10	13.2	字位于头部	模印阳文
小旗	07	小旗周军徐大	长 40.5、宽 20.5、厚 11.5	16.75	字位于头部	模印阳文
	36	小旗王军王四	长 40、宽 20、厚 12.5	17.7	字位于头部	模印阳文
	40	小旗周军徐大	长 40、宽 19.5、厚 11.5	18.15	字位于头部	模印阳文
	56	□山小旗非□□□	长 41、宽 20、厚 12	18.2	字位于头部	模印阳文
	312	小旗吕军张三	长 40、宽 20、厚 12	17.35	字位于头部	模印阳文
	334	小旗周军徐大	长 39、宽 20、厚 12	17.2	字位于头部	模印阳文
	434	小旗□□造	长 38、宽 19、厚 10	13.9	字位于头部	模印阳文
	455	□□□小旗□□□□	长 33、宽 20、厚 12.5	14.75	残，字位于头部	模印阳文
百户	11	□□□□圆百户□□捻（总）其□信小其□□德军□□□造	残长 22、宽 20、厚 13	7.9	残，字位于头部	模印阳文
	21	□所百户郝安捻（总）旗谢荣	残长 31、宽 19、厚 11	11.65	残，字位于头部	模印阳文
	24	□卫□□所百户□俊捻（总）其□辅成小围祝老□□□得成□	残长 23、宽 20.5、厚 13	8.35	残，字位于头部	模印阳文
	26	□□卫□圆圆户□□捻（总）其吴□小其□大军李二造	残长 12、宽 20.5、厚 13	4.3	残，字位于头部	模印阳文
	27	□□卫□所百户张俊捻（总）其□甫成小其□□□□	残长 11、宽 20.5、厚 13	5.35	残，字位于头部	模印阳文
	31	□□圆后圆圆户□□□（总）其王□名小其□四军徐□儿造	残长 22、宽 20.5、厚 13	9.05	残，字位于头部	模印阳文
	32	□□卫□所百户□圆捻（总）其□□颜小其贺成军□□一吴	残长 17、宽 20.5、厚 12.5	7.3	残，字位于头部	模印阳文
	38	□□□□□百户张安捻（总）其张□成小其□□□□□□□□	残长 36、宽 19、厚 12.5	15.9	残，字位于头部	模印阳文
	58	□□卫□所百户张俊捻（总）其张甫成小其高兴军人□□成□	长 41、宽 20、厚 13	19.3	字位于头部	模印阳文
	336	□□□□所百户□俊捻（总）其□甫成小其刘百彦□□□□	长 42.5、宽 20、厚 15	20.25	字位于头部	模印阳文

八　五行字号砖登记表

整理编号	砖文	长、宽、厚（厘米）	重量（千克）	砖文位置	模式
109	金字七号捻（总）其□□	残长 25、宽 18.5、厚 10	8.3	残，字位于头部	模印阳文
111	金字四	残长 25、宽 18.5、厚 10.5	8.05	残，字位于头部	模印阳文
117	金字号	长 40、宽 19.5、厚 10	14.9	字位于头部	模印阳文
119	金字十号	长 38、宽 19、厚 10	13.2	字位于头部	模印阳文
85	木字五号	残长 15、宽 19、厚 10	8.45	残，字位于头部	模印阳文
91	木字九号	长 39、宽 19、厚 10	13.85	字位于头部	模印阳文
115	木四号	长 37.5、宽 18.5、厚 10	14.1	字位于头部	模印阳文
133	木字一号	长 41、宽 18、厚 10	14.25	字位于头部	模印阳文
354	木字五号，捻（总）旗周昌	长 40、宽 19、厚 10	13.45	字位于两头部	戳印阳文
357	木字八号	长 40、宽 19、厚 10	13.45	字位于头部	模印阳文
366	贰木号	长 38、宽 18、厚 10	13.4	字位于头部	模印阳文
369	木字十号	长 40、宽 20、厚 11	15.25	字位于头部	戳印阳文
373	木字九号	长 40、宽 20、厚 12	15.15	字位于头部	模印阳文
94	水号叁	长 37.5、宽 18、厚 10	13.8	字位于头部	模印阳文
104	水九号	长 40、宽 19、厚 10	15.45	字位于头部	戳印阳文
110	水八号	残长 14、宽 18.5、厚 10	4.4	残，字位于头部	模印阳文
129	水字三号	长 40、宽 18、厚 10.5	15	反字位于头部	模印阳文
355	叁水号	长 39、宽 19、厚 10	14.35	字位于头部	模印阳文
359	水五号	长 41、宽 20、厚 10	14.5	字位于头部	模印阳文
361	水字七号	残长 16、宽 19、厚 10	4.7	存头部，字位于头部	模印阳文
363	水字六号	长 37、宽 20、厚 11	14.1	字位于头部	模印阳文
25	火字二号捻（总）旗□造	残长 12、宽 17.5、厚 9.5	3.85	字位于头部	模印阳文
34	火字二号捻（总）旗□□	长 37、宽 18.5、厚 9.5	11.15	残，字位于头部	模印阳文
97	火字四号捻（总）旗曹清	长 40、宽 19、厚 10.5	15.2	字位于头部	模印阳文
134	火字一号捻（总）旗赵□	长 40、宽 19.5、厚 10	13.85	字位于头部	模印阳文
106	火四	长 38、宽 18、厚 10	13.8	字位于头部	模印阳文
107	火四	长 39、宽 18、厚 10	14.15	字位于头部	模印阳文
131	火四	长 40、宽 19、厚 10	16.25	字位于头部	模印阳文
356	火四	长 40、宽 18、厚 10	13.35	字位于头部	模印阳文
360	火字四号	长 40、宽 20、厚 11.5	16.1	字位于头部	模印阳文
462	火字四号圈（总）旗□先	残长 23、宽 19、厚 10	7.95	残，字位于头部	模印阳文
358	火字伍号捻（总）旗徐帖木	残长 23、宽 20、厚 10	7.8	残存一半，字位于头部	模印阳文
345	火字七号捻（总）旗安山	残长 23、宽 19、厚 10	7.45	残存一半，字位于头部	模印阳文
370	火字七号捻（总）旗□□	长 40、宽 20、厚 10	13.95	字位于头部	模印阳文
362	火字九号	长 40、宽 20、厚 10	15.95	字位于头部	模印阳文
378	火字九号	长 40、宽 19、厚 11	15.05	字位于头部	模印阳文

续表

整理编号	砖文	长、宽、厚（厘米）	重量（千克）	砖文位置	模式
03	土字四号捴（总）旗□义	残长 22、宽 17.7、厚 9.5	6.25	字位于头部	模印阳文
86	土字二号忩（总）其王直	残长 14、宽 19、厚 10.5	4.75	残，字位于头部	模印阳文
89	土字三号捴（总）旗□□	残长 22、宽 17、厚 10	6.4	残，字位于头部	模印阳文
93	捴（总）旗沈得土字七号	长 38.5、宽 18.5、厚 10	13.2	字位于头部	模印阳文
113	土圐四号捴（总）旗节义	长 37.5、宽 16.5、厚 9.5	12.15	字位于头部	模印阳文
116	土字五号	长 36、宽 19、厚 10	13	字位于头部	模印阳文

九　五德、五常、四季、六艺等字号砖登记表

类	整理编号	砖文	长、宽、厚（厘米）	重量（千克）	砖文位置	模式
五德字号砖	353	温字号	长 39、宽 19、厚 10	14.1	字位于头部	模印阳文
	87	良字号	残长 21、宽 19、厚 11	7.15	残，字位于头部	模印阳文
	102	恭字号	长 39、宽 18.5、厚 10	14.25	字位于头部	模印阳文
	126	恭字号	长 39、宽 18.5、厚 10	13.55	字位于头部	模印阳文
	130	恭字号	长 39.5、宽 18、厚 10	13.95	字位于头部	模印阳文
	368	恭字号	长 39、宽 20、厚 10	13.8	字位于头部	模印阳文
	101	让字号	长 38.5、宽 19、厚 10	14.8	字位于头部	戳印阳文
五常字号砖	98	仁一	长 38、宽 19、厚 8.5	12.7	字位于头部	模印阳文
	466	仁一	长 38、宽 19、厚 8.5		字位于头部	模印阳文
	465	仁二	长 38、宽 19、厚 8.5		字位于头部	模印阳文
	446	仁字号	残长 18、宽 20、厚 10	6.5	残，反字位于头部	模印阳文
	367	义字号	长 38.5、宽 18、厚 10	13.3	反字位于头部	模印阳文
	458	义字号	残长 22、宽 18、厚 10.5	7.7	残，字位于头部	模印阳文
	439	义二	长 37.8、宽 18、厚 9.2	12.55	字位于头部	模印阳文
	137	智二	长 39、宽 18.5、厚 10	14.2	字位于头部	模印阳文
	101	信字号	长 38.5、宽 19、厚 10	14.8	字位于头部	模印阳文
四季字号砖	92	夏字二号	长 40、宽 16.5、厚 10	13.4	字位于头部	模印阳文
	365	夏字二号	残长 22、宽 19、厚 10	6.7	残，字位于头部	模印阳文
	100	秋二	长 37、宽 19、厚 10	13.7	字位于头部	戳印阳文
	127	秋字二号	长 41.5、宽 17.5、厚 11	14	字位于头部	模印阳文
	88	秋字三号	残长 20、宽 18、厚 9	6.05	残，字位于头部	模印阳文
六艺字号砖	448	乐字号	残长 14.5、宽 19.5、厚 10	5.15	残，字位于头部	模印阳文

续表

类	整理编号	砖文	长、宽、厚（厘米）	重量（千克）	砖文位置	模式
千字文字号砖	118	玄号	长37、宽18、厚10	13.45	字位于头部	模印阳文
	122	玄字一号	长38、宽18.5、厚10	13.3	字位于头部	模印阳文
	456	玄字一号	残长22、宽18.5、厚10	8.35	残，字位于头部	模印阳文
	123	玄字二号	长40、宽18.5、厚10	13.25	字位于头部	模印阳文
	124	玄字二号	长40、宽20、厚11	15.65	字位于头部	模印阳文
	128	玄二号	长39.5、宽19、厚8	11.95	字位于头部	模印阳文
	103	玄伍号	长39、宽19、厚10	15.85	字位于头部	戳印阳文
	112	玄六号	长38.5、宽17.5、厚9	12.35	字位于头部	模印阳文
	136	中	残长33、宽17、厚10	10.35	字位于头部	模印阳文
	108	中二	长37、宽18、厚10	13.65	字位于头部	模印阳文
	444	中二	残长17、宽19.5、厚10	4.55	残，字位于头部	模印阳文
天干地支字号砖	90	戊字一号	残长13、宽17、厚10	3.65	残，字位于头部	模印阳文
	96	戊字一号	长38、宽18、厚10	13.85	字位于头部	模印阳文
	125	戊字一号	长39.5、宽18、厚10	13.8	字位于头部	模印阳文
数字字号砖	105	二号	长38、宽17、厚10	12.85	字位于头部	模印阳文
	115	第四号	长37.5、宽18.5、厚10	14.1	字位于头部	模印阳文
	120	第四号	长39、宽18、厚10	13.8	字位于头部	模印阳文
	95	五号	长36.5、宽18.5、厚10	13.15	字位于头部	模印阳文
	99	伍号	长28.5、宽18、厚10	40.15	字位于头部	戳印阳文
	121	数字	长36、宽19、厚10	13.9	字位于头部	模印阳文
	135	五	长36、宽17、厚9	10.6	字位于头部	模印阳文
	132	三（？）字号	长39、宽19、厚10	13.4	字位于头部	模印阳文
署名字号砖	364	明字二号	残长14、宽20、厚10	4.6	残，字位于头部	模印阳文
	372	商字一号	长41、宽19、厚9	13.05	字位于头部	模印阳文
均工夫字号砖	67	圙武四年均工造	残长34、宽17.5、厚8.5	8.9	残，字位于侧边	模印阳文
	346	□□府□□县均工夫役砖	长38、宽19、厚8.5	10.65	残，字位于头部	模印阳文

十　其他类字砖登记表

类	整理编号	砖文	长、宽、厚（厘米）	重量（千克）	砖文位置	模式
人名	145	王三	长27、宽15、厚8	5.35	残，字位于头部	刻画阴文
	376	三财	长38、宽20、厚10	15.3	字位于头部	模印阳文
	379	陈制	长36、宽16、厚8	7.85	字位于正面	模印阳文
	53	□主章王谦□王旺	残长13、宽20、厚11	10.15	残，字位于头部	
地名	139	正平里	长40、宽20、厚10	13.55	字位于正面	手写阴文
	377	正平	长40、宽20、厚10	14.1	字位于头部	手写阴文
年号	74	五年	残长20、宽19、厚10	6.45	残，字位于头部	模印阳文
	144	七□□	长39.5、宽17、厚8.5	10.6	字位于侧边	刻画阴文
	435	□□□□□□洪武七年　月　日	长40、宽20、厚10	14.95	字位于侧边	模印阳文
	70	洪武七年　月　日	长42、宽21、厚13	18.1	字位于侧边	模印阳文
吉祥语与方位	140	天下太平	长38、宽18.5、厚10	14.2	字位于头部	模印阳文
	142	明	长38.5、宽19、厚7	9.85	字位于头部及侧边	刻画阴文
	143	积□	长39、宽17、厚9	9.8	残，字位于头部	模印阳文
	401	此卿（向）八脚砖	长44、宽21、厚11.5	18.9	字位于头部	模印阳文
草书	308-1	壅	残长7、宽15、厚6	2.35	残，字位于头部	手写阴文
	374	包山砖	长39、宽19、厚9	10.8	字位于侧边	手写阴文
	277	廿	长38.5、宽18、厚9.5	10.9	字位于侧边	手写阴文
	453	□□□	长40、宽19、厚9.5	13.2	字位于头部	模印阳文
	144-1	我（或龙？）	长39.5、宽17、厚8.5	10.7	字位于侧边	手写阴文
	144-2	乙卯（？）			字位于头部	
	142-1	□□□□	长38.5、宽19、厚7	9.85	字位于侧边	手写阴文
	142-2	□			字位于头部	
残砖文与图案砖等	448	□字号	残长14.5、宽19.5、厚10	5.15	残，字位于头部	模印阳文
	72	□旗王成□造	长38、宽19.5、厚11.5	18.05	字位于头部	模印阳文
	467	圆形钱形纹饰	长40、宽20、厚12	17.75	字位于头部	模印阳文
	138	行何时　2m	长39、宽19、厚10	9.8	字位于头部	模印阳文
	143	粮砖	长39、宽17、厚9	10.6	残，反字位于头部	模印阳文

后　记

几年来收集明中都字砖本意是作为文物管理所的文物藏品，同时也是为凤阳县新建的博物馆"中都展厅"提供文物展品。经过分类整理、登记制卡、拓片和拍照，使我们对明中都字砖内涵有了更加深入地了解和认识。它不仅仅是烧砖中的一种标记，更具有重要的实物史料价值，故编书的事就列入议事日程。编书难啊，一要坐得住，二要挤时间，三要吃得苦，终于在大家共同的努力下完成了书稿的编撰，总算没有辜负大家的希望。

凤阳遍地都是宝，5000年来的人类延续发展文化遗存清晰可见，是中国历史发展和淮河文明的重要见证。考古学证明，凤阳这个地区自古以来就是淮河中游的政治、经济、文化中心，从目前发现的新石器时代金董大古堆遗址到诸多的商周时代遗址、春秋战国及汉代的钟离国古城遗址和墓葬群，再到隋唐时期的濠州古城遗址和墓葬群，特别是明清两代的中都城和凤阳府城址延续至今，遗留在地上地下的文化遗存随处可见。可惜的是，在历史不断发展的进程中，一大批重要的文化遗存遭到毁灭性的破坏，令人感到痛心。20世纪70年代，大量而丰富的凤阳文化遗存引起学者们的高度关注和主管部门的重视，到目前，凤阳县先后公布国家级重点文物保护单位1处（6个文物点），省级重点文物保护单位5处，古城墙被国家文物局列为联合申遗名单，使得这些遗留至今的历代古文化遗产得到一定程度的保护。历年来，学者们从不同的角度撰文或著书立说对凤阳古文化遗存进行探讨研究。之前多数学者注重明代朱元璋皇帝和中都皇城等历史文献和文化遗存的研究，今后应大力开展对凤阳地区春秋钟离国和各个历史时期的文化遗存深入的多学科研究。如：新石器时代至商周时期古文化遗址、春秋钟离国墓葬和淮河流域保存最完整的钟离国都城遗址、隋唐濠州古城遗址、隋唐古瓷窑遗址和明代中都城、皇陵、凤阳府城以及临淮关古城等古代文化遗存的研究，以提高凤阳和淮河中游地区在中华文明历史进程中的历史地位和学术价值。

本书字砖素材来自2009年至2012年凤阳第二次维修明代中都城午门征集的大量旧城砖中拣选出来的一部分。因缺乏文物专业人员在现场收集，致使大部分字砖都被修砌到午门城墙上了。2012年至2013年断续整理和拓片、拍照。2014年开始文字编撰，编排插图和图版，完成初稿。2015年，进行修改定稿和申报出版经费及询价出版社等一系列程序工作。

在本次收集、整理字砖的过程中，因时间、人力和条件等因素，没有对如今还保存在皇城城墙、鼓楼台基上及散落在民间的字砖进行尽可能多的素材收集，也没有对至今发现的烧造城砖的多处窑场窑址进行解剖性考古调查和发掘验证，对此深感遗憾。

本书由唐更生、阚绪杭主编，字砖铭文顾问为徐在国。

字砖整理、拓片、拍照：唐更生、阚绪杭、朱江、汪会、余建民、孙洋、金春刚、王维凤、张斌、崔建俊等。

字砖插图和图版版面编排及统稿校对：阚绪杭、唐更生。

在整理字砖过程中，邀请安徽大学徐在国教授莅临凤阳对字砖铭文进行进一步辨识，初稿形成后又请徐在国教授进行了校审。安徽大学在读博士生李鹏辉参加了绪言的撰写工作。

本书在收集素材、整理、编撰过程中始终得到凤阳县文广新局领导和凤阳县文物管理所全体职工（包括他们的家属）的大力支持和帮助。出版工作得到文物出版社的大力支持，特别是蔡敏、肖大桂编审和黄曲副编审为此付出了辛勤的汗水。在此一并深表感谢，祝大家快乐健康！

编 者

2015 年 9 月 17 日

凤阳明中都字砖

（下册）

凤阳县文物管理所　编著

唐更生　阚绪杭　主编

文物出版社

北京·2016

下册目录

彩版目录

凤阳明代城墙砖成分检测及烧造地初步分析

秦颖　许应媛　李柳柳　阚绪杭

城砖化学成分分析测试仪器为日本岛津公司 WD–1800 波长色散型 X 荧光光谱仪。该仪器配有 4kW 端窗铑（Rh）靶 X 光管，管口铍窗厚度为 75m，并配以最大电流 140mA 的 X 射线电源及发生器，高精度的 θ–2θ 独立驱动系统，双向旋转的 10 位晶体交换系统，3 种狭缝可交换，灵敏自动控制系统，为获取高可靠性的成分数据提供了保证，其检出限可达 0.1ug/g–1ug/g，误差在 1% 以下。样品及分析结果如表一所示。

从主成分及聚类分析结果（图 1~4）看，大多数凤阳军卫砖成分相近，基本可聚在一类，和府城镇的窑砖相近，可能利用其附近的土壤作为烧砖原料。金字砖、土字砖、水八号砖成分也和这些军卫砖相似。

来自凤阳以外其他安徽府县的城砖成分，多数自成一体，和凤阳卫砖虽有差异，但变化不大，倒是和所分析的凤阳大牛郢窑砖有些相似，这些安庆各府县的贡砖可能是在同一地烧制，甚至就是在凤阳烧制。

来自江西各地的城砖和凤阳军卫砖成分有差异，除 F138 南昌府砖和抚州府砖外，其他又基本可聚成一组。说明它们使用的原料是相近的。

所分析的江苏淮安府海

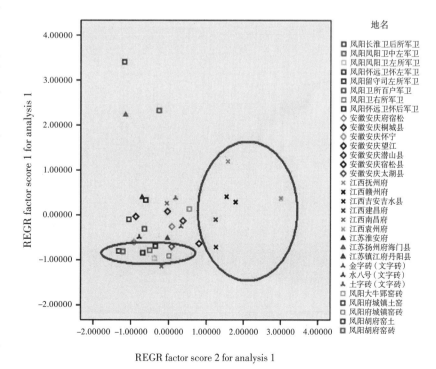

图 1　凤阳明代城墙砖与凤阳窑土窑砖样品主成分分析散点图

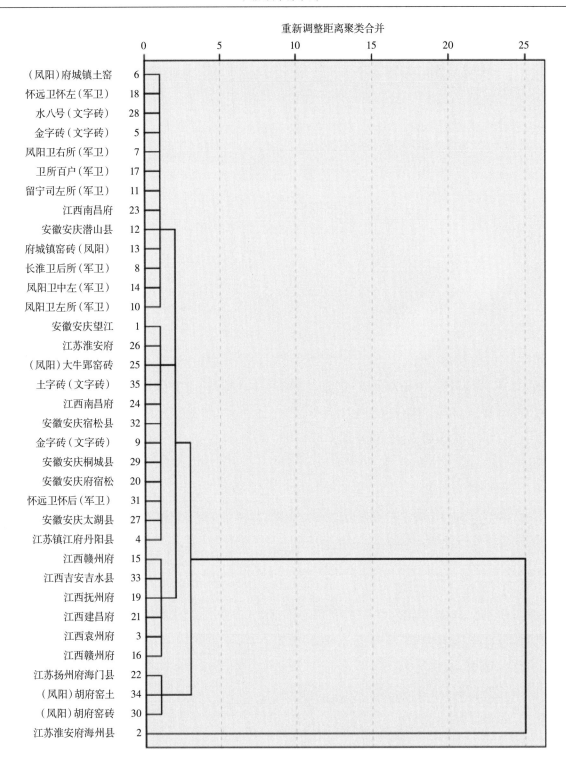

图 2　凤阳明代城墙砖与凤阳窑土窑砖样品聚类图

州县样品的成分和其他样品均存在较大差异，丹阳、淮安的样品和安庆桐城、宿松、望江、太湖等字砖成分接近。

　　由于目前可以对比的当地古代砖窑和土壤资料有限，上述有关城砖烧制地点的分析只是初步的。

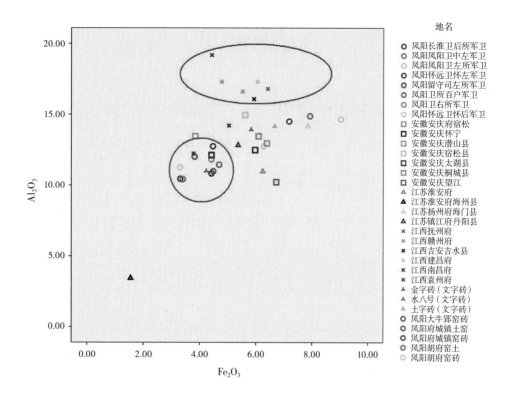

图 3 凤阳明代城墙砖与凤阳窑土窑砖样品 Al$_2$O$_3$ 与 Fe$_2$O$_3$ 散点图

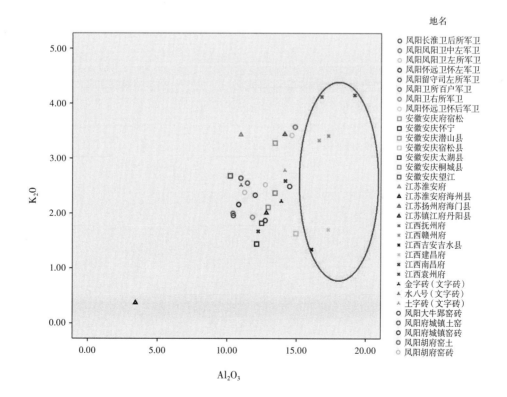

图 4 凤阳明代城墙砖与凤阳窑土窑砖样品 K$_2$O 与 Al$_2$O$_3$ 散点图

表一　　　　　　　　　　　　城砖成分 XRF 检测结果（重量 %）

地名	样品	SiO₂	Al₂O₃	Fe₂O₃	K₂O	MgO	CaO	Na₂O	TiO₂	SO₃	P₂O₅	Cr₂O₃	MnO	BaO	Tc
安徽安庆府宿松	F308	74.90	12.95	6.39	2.11	0.86	1.02	0.19	1.16	0.02	0.13	0.02	0.09	0.1	0.04
安徽安庆怀宁	F281	77.81	12.12	4.42	1.44	1.67	0.92	0.19	0.93	0.07	0.08	0.04	0.08	0.0	0.03
安徽安庆潜山县	F280	74.84	13.45	3.84	3.28	1.26	0.96	1.20	0.72	0.03	0.14	0.04	0.05	0.1	0.01
安徽安庆宿松县	F274	74.74	14.95	5.62	1.63	0.83	0.34	0.24	1.15	0.06	0.09	0.03	0.03	0.1	0.02
安徽安庆太湖县	F267	76.89	12.48	5.97	1.82	0.73	0.22	0.40	1.06	0.01	0.10	0.03	0.12	0.1	0.04
安徽安庆桐城县	F279	73.14	13.45	6.09	2.37	1.24	1.78	0.32	1.05	0.08	0.12	0.03	0.14	0.1	0.03
安徽安庆望江	F303	74.68	10.22	6.73	2.68	0.94	1.63	1.01	1.03	0.47	0.13	0.08	0.08	0.1	0.02
凤阳长淮卫后所军卫	F4	79.69	10.45	3.31	1.96	1.61	0.95	0.94	0.67	0.11	0.05	0.03	0.07	0.1	0.03
凤阳大牛郢窑砖	YD1	71.26	14.50	7.19	2.49	1.44	0.99	0.76	0.91	0.02	0.05	0.04	0.13	0.1	0.02
凤阳凤阳卫中左军卫	F16	79.40	10.42	3.40	2.00	0.93	2.01	0.77	0.77	0.04	0.07	0.02	0.03	0.1	0.02
凤阳凤阳卫左所军卫	F342	79.80	11.25	3.30	2.38	0.60	1.01	0.59	0.68	0.04	0.09	0.05	0.05	0.1	0.02
凤阳府城镇土窑	YQt1	75.57	10.98	4.48	2.64	1.04	2.93	0.84	0.94	0.07	0.12	0.03	0.04	0.1	0.02
凤阳府城镇窑砖	YQ1	77.59	12.74	4.47	1.87	0.76	0.82	0.62	0.81	0.01	0.04	0.03	0.05	0.1	0.02
凤阳胡府窑土	YF2	61.80	14.88	7.92	3.57	2.60	6.24	0.93	0.83	0.03	0.70	0.03	0.22	0.0	0.02
凤阳胡府窑砖	YF1	65.04	14.65	9.03	3.42	2.63	2.58	0.98	0.83	0.02	0.45	0.03	0.18	0.1	0.03
凤阳怀远卫怀左军卫	F60	78.46	10.83	4.42	2.16	0.88	0.96	0.98	0.95	0.04	0.05	0.02	0.03	0.1	0.04
凤阳留守司左所军卫	F52	77.78	12.01	3.82	2.33	1.09	1.00	0.92	0.69	0.04	0.07	0.03	0.06	0.1	0.02
凤阳卫所百户军卫	F24	76.03	11.45	4.69	2.55	1.28	1.27	1.18	0.81	0.38	0.11	0.05	0.05	0.1	0.03
凤阳卫右所军卫	F22	77.79	11.82	4.42	1.93	1.06	0.93	0.89	0.77	0.02	0.05	0.04	0.10	0.1	0.02
凤阳怀远卫怀后军卫	F320	71.94	12.74	6.28	2.52	1.50	2.88	0.84	0.92	0.02	0.07	0.02	0.07	0.1	0.01
江苏淮安府	F157	72.94	10.98	6.24	3.43	1.26	2.45	1.44	0.71	0.04	0.11	0.08	0.10	0.1	0.02
江苏淮安府海州县	F170	72.95	3.43	1.55	0.37	19.26	1.32	0.24	0.20	0.02	0.09	0.02	0.05	0.0	0.01
江苏扬州府海门县	F146	64.08	14.15	7.84	3.44	3.20	4.73	0.92	0.98	0.05	0.19	0.03	0.19	0.1	0.02

续表一

地名	样品	SiO$_2$	Al$_2$O$_3$	Fe$_2$O$_3$	K$_2$O	MgO	CaO	Na$_2$O	TiO$_2$	SO$_3$	P$_2$O$_5$	Cr$_2$O$_3$	MnO	BaO	Tc
江苏镇江府丹阳县	F167	75.74	12.82	5.37	2.01	0.51	1.91	0.32	0.93	0.04	0.09	0.03	0.05	0.1	0.02
江西抚州府	F218	66.53	16.80	6.42	4.12	1.34	2.23	0.60	1.05	0.16	0.24	0.03	0.12	0.0	0.03
江西赣州府	F412	70.21	16.61	5.53	3.33	1.14	1.41	0.38	0.89	0.02	0.16	0.02	0.11	0.1	0.02
江西赣州府	F213	70.25	17.30	4.78	3.41	1.17	1.46	0.22	0.94	0.04	0.12	0.03	0.07	0.1	0.02
江西吉安吉水县	F191	73.98	16.08	5.93	1.34	0.65	0.17	0.19	1.27	0.04	0.09	0.03	0.06	0.1	0.02
江西建昌府	F211	70.10	17.30	6.06	1.70	0.64	2.70	0.16	1.00	0.07	0.06	0.03	0.02	0.1	0.02
江西南昌府	F283	79.47	12.23	3.78	1.67	0.78	0.40	0.24	1.12	0.04	0.06	0.04	0.03	0.0	0.02
江西南昌府	F138	72.20	14.20	5.04	2.59	1.32	2.99	0.33	0.85	0.06	0.11	0.03	0.07	0.0	0.02
江西袁州府	F225	69.00	19.18	4.43	4.15	0.87	0.86	0.33	0.68	0.05	0.15	0.02	0.09	0.1	0.02
金字砖（文字砖）	F109	73.96	13.91	5.83	2.22	1.31	0.63	0.84	0.81	0.03	0.08	0.03	0.07	0.1	0.02
水八号（文字砖）	F110	76.90	11.00	4.23	2.51	1.26	1.14	1.60	0.87	0.09	0.09	0.02	0.08	0.1	0.02
土字砖（文字砖）	F68	70.75	14.16	6.67	2.78	1.72	1.73	0.90	0.91	0.02	0.05	0.02	0.06	0.1	0.02

附录二
（节录自《明中都遗址考察报告》字砖一节）

明中都城砖

王剑英

（一）明中都城砖的分类和种数

营建明中都所用的砖，具体由哪些单位负责烧造，无史料记载。到目前为止，已发现：

一，地方烧造的砖：有南京（江苏、安徽）、江西省、湖广省的22府68县以及不知地名的都、府砖和均工夫砖。

二，军队负责烧造的砖：有驻本地的留守卫、凤阳卫、怀远卫、长淮卫的砖以及少量墨书由应天卫、扬州卫等运到的砖；有百户、总旗、小旗军人各砖115种；有军人名的金木水火土五行砖86种。

三，字号砖：如仁、义、礼、智、信；温、良、恭、俭、让；春、夏、秋、冬；一、二、三、四、五、六、七、八、九、十等135种。

四，标明系罪犯所烧造的少量刑狱砖。

（二）地方烧的砖及有关考证

1. 已发现的地名砖有南京、江西、湖广的22府68县

目前在中都皇城残留的南城墙、西城墙、午门洞、西华门洞、鼓楼台基及散布在凤阳各处的城砖上，已发现的地名砖计有：

南京：

［淮安府］：山阳、盐城、安东、沭阳、海州、赣榆。

［扬州府］：江都、仪真、泰兴、兴化、通州、海门、六合、高邮州。

［镇江府］：丹徒、丹阳、金坛。

［安庆府］：怀宁、相城、潜山、太湖、宿松、望江。

［宁国府］：宣城。

江西省：

［南昌府］：南昌、新建、进贤、奉新、武宁、宁县、北六。

［九江府］：瑞昌。

〔饶州府〕：乐平。

〔广信府〕：铅山、永丰。

〔建昌府〕：南城、南丰、广昌。

〔抚州府〕：临川、崇仁、金溪。

〔吉安府〕：庐陵、泰和、吉水、永丰、安福、万安、永新、永宁。

〔临江府〕：清江、新淦、新喻。

〔袁州府〕：宜春、萍乡。

〔赣州府〕：赣、信丰、会昌、安远、瑞金、龙南。

湖广省：

〔武昌府〕：金口镇巡检司、浒黄洲镇巡检司。

〔汉阳府〕：汉阳、汉川。

〔黄州府〕：麻城、黄冈。

〔岳州府〕：巴陵（？）。

〔长沙府〕：长沙、浏阳、湘乡。

〔衡阳府〕：常宁。

2. 有关征砖地区的几点分析

以上仅是两次考察得到的结果，很不全面。当然还有很多府、县的砖尚没有被发现，可见当时修建中都城，征砖的地区是很广的。

一，在已发现的大量城砖中，没有标明为临濠府、中立府、凤阳府及其所属州县烧造的城砖，估计可能是因为洪武初修建中都城需要大量劳役，因此没有承担烧砖任务。

二，与南京城地名砖相比，两地都有的有：

扬州府、镇江府、安庆府、南昌府、建昌府、抚州府、汉阳府、黄州府等府。而南京有的应天府、常州府、太平府、池州府、宁国府（凤阳仅有宣城一县）、瑞州府、九江府（凤阳仅有瑞昌一县）、南康府、饶州府（凤阳仅有乐平一县）、武昌府等府的砖，凤阳

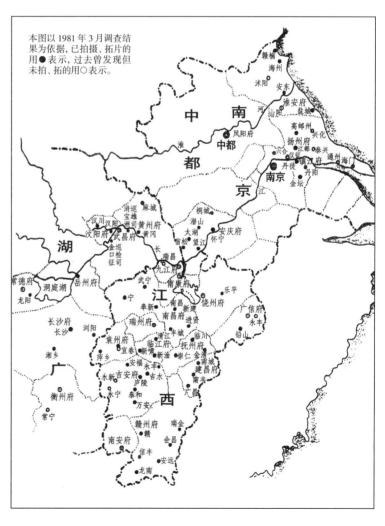

图1   凤阳明中都已发现地名砖分布示意图

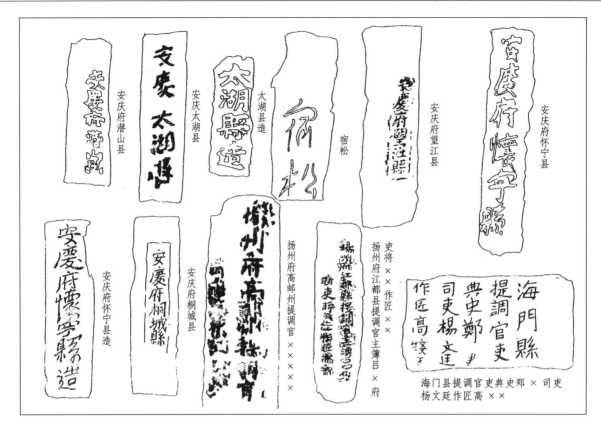

图 2　地名砖

图 3　地名砖

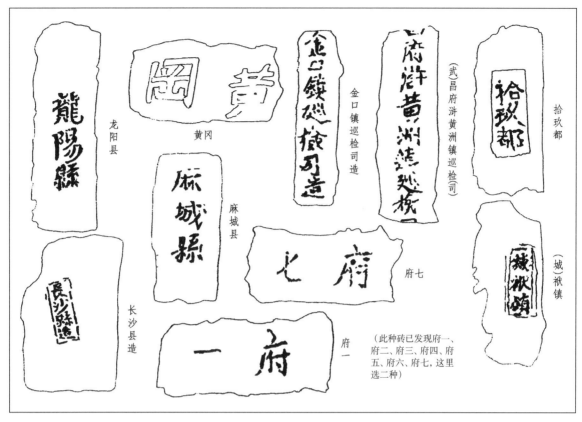

龙阳县 黄冈 金口镇巡检司造 （武）昌府浒黄洲镇巡检（司） 拾玖都

麻城县 （城）袱镇

长沙县造 府七 府一

（此种砖已发现府一、府二、府三、府四、府五、府六、府七，这里选二种）

图 4 地名砖

几乎都没有发现；凤阳有的淮安府、吉安府、临江府、袁州府、赣州府的砖，在南京也没有发现，因为当时南京也要筑城，在分担烧砖的任务上，可能有所分工。

三，江南苏、松、嘉、湖、杭的砖，中都和南京都没有发现，可能是因为苏松地区钱粮特重，并把上述五郡"豪民"已迁徙到凤阳，所以不征他们的砖了。《明史·俞通源传》作"徙江南'豪民'十四万田凤阳"等等。

四，发现有南京地区淮安府、扬州府、镇江府、安庆府的大量城砖，说明在南京地区还是有征砖任务的。

江西省、湖广东部地区各府基本都有征砖任务。极个别府没有找到的还待今后进一步去找到。

3. 中都城砖是记录明初州县建置的原始资料和实物证明

从城砖上的州县名称看，证实了一些明初与以后建置的不同。如（1）"南昌府宁县"砖。《明史》卷四十三《地理四》"南昌府—宁州"条："宁州，洪武初，改县为宁县，省州入焉。弘治十六年，升县为州。"宁县砖证明了《明史·地理志》该条所载是正确的，砖上名称是洪武初期的名称，当时宁州称为宁县，属于南昌府，后来才升为州的。再如（2）"扬州府六合县"砖。《明史》卷四十《地理一》"南京—应天府"条："六合，洪武三年直隶扬州府，二十二年二月来属。"据此，六合县只有洪武三年到二十二年的19年间，属于扬州府，所以当时也征了六合县的砖。并标明隶属扬州府，证明了《明史》记载是与历史事实相符的。

此类砖对考察明朝初期州县建置沿革是很有价值的原始资料和实物证明。

字砖"巴岳"，有可能是岳州府巴陵县的简写，这是发现的唯一一块地名简写砖。城砖书写一般都是某某府某某县或仅有某某府或某某县。

4. 仅写几都、某巡检司、某镇、几府的砖

地方砖一般都以府或县作单位，但还有少数写某某都、某某巡检司、某某镇的砖，如：

一，都：十六部（都）、廿都上、卅都、拾玖都、六十三都立等。

二，巡检司：金口镇巡检司、浒黄州镇巡检司。

三，镇：城袱镇。

此外，还有一些地名砖尚未查出是哪里烧的，如府城县等。《明史·地理志》南京、江西、湖广省内未载。

有一些尚不清楚何属的砖，如府一、府二、府三、府四、府五、府六、府七、府九等。

5. 均工夫砖

均工夫砖：南京城有"袁州府萍乡县……人户许受，洪武十年"砖，是百亩以上的大户所烧。当时除了地方官府和百亩以上大户人家烧造的以外，也有普通老百姓所烧造的。明朝正役中，均徭是按财产签派的徭役，地凡一顷者，出丁夫一人，每10年服役两次，地不是一顷者，与其他人土地合并计算应役，叫"均工夫"。凤阳中都城有"临江府新淦县洪武四年均工夫造"砖，"洪武四年均工夫造"砖，"临江府新□县十一和（都？）均工烧造"砖，说明了修建中都城不论百亩以上的大户还是只有少量土地的农民，一律都要承担烧砖的徭役。

6. 城砖上提调官、司吏、作匠的题名及与南京城砖的异同

地方负责烧砖的官吏叫"提调官",由州判、县丞、主簿、判官充任，下有司吏、监造人、作头、作匠，具体人名一并列下。这些砖可能是官府统一经办，再分系人户或均工夫所造。

南京所属淮安府、扬州府、镇江府烧造的城砖一侧都有"某某府某某县提调官判官（县丞、主簿、司吏等）某某作头（作匠）某某"。江西、湖广各府县的砖则只写"某某府某某县"或只写"某府"或"某县"，不书官吏匠人名，但估计各地负责烧砖情况大致相同，只是记载有详略。

7. 地名砖所占比重不算很大

南京城砖上模印的字与中都城砖上模印的字有同有异。

一，中都城砖只有南京所属淮安府、扬州府、镇江府记录提调官等姓名，江西、湖广不记录，南京城砖则江西、湖广亦记录。

二，中都城砖只记录州县的提调官、司吏，南京城砖则往往府州县并记，如：

扬州府高邮州兴化县、扬州府泰州石余县、黄州府蕲州薪水县等，则府州县三套提调官、司吏姓名并列；

扬州府泰兴县、吉安府葛安县、长沙府湘阳县等则两套提调官、司吏姓名并列。

三，南京城砖有仅列揔甲、甲首、小甲并窑匠、造砖人夫姓名的砖，中都没有见过这样的砖。也没有见过"揔甲"、"甲首"、"小甲"这样的名称。

地方砖在整个城砖中所占的比例不算很大，仅在中都午门洞内、鼓楼门洞内发现比较集中的地方砖，城墙残垣上则为数极少。发现的数量最多、分布最广的字砖是五行砖和军队烧造的砖。

（三）军队、卫所烧的砖

军队、卫所烧的砖大致分为下列几种：

1. 卫所砖

一，确实写明所属卫所的砖，如"留守司中右所百户周□，总旗刘□子旗王□□军人□□"砖，"留守司中右所百户王珉所洪武十年"砖等。在中都留守司管辖下的八卫一所（皇陵卫、凤阳卫、凤阳中卫、凤阳右卫、留守中卫、留守左卫、怀远卫、长淮卫、洪塘湖屯田千户所）中，凤阳卫、凤阳中卫、留守中卫、怀远卫、长淮卫的砖已经找到，书写格式基本相同。计有：

［凤阳卫］：凤阳卫左所、凤阳卫左旗、凤阳卫后所。

［凤阳中卫］：凤阳卫中右所。

［留守中卫］：留守司中右所、留守司中后所。

［怀远卫］：怀中所、怀左所、怀前所、怀后所。

［长淮卫］：长淮卫后所。

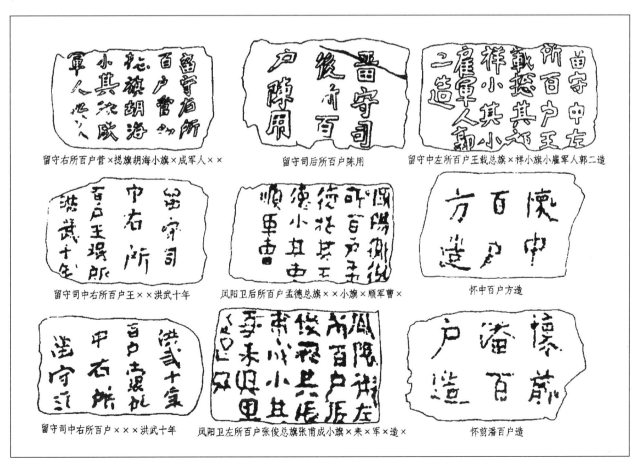

留守右所百户营×揔旗胡海小旗×成军人××　　留守司后所百户陈用　　留守中左所百户王载总旗×样小旗小雇军人郭二造

留守司中右所百户王××洪武十年　　凤阳卫后所百户孟德总旗××小旗×顺军曹×　　怀中百户方造

留守司中右所百户×××洪武十年　　凤阳卫左所百户张俊总旗张甫成小旗×来×军×造×　　怀前潘百户造

图 6　卫所砖

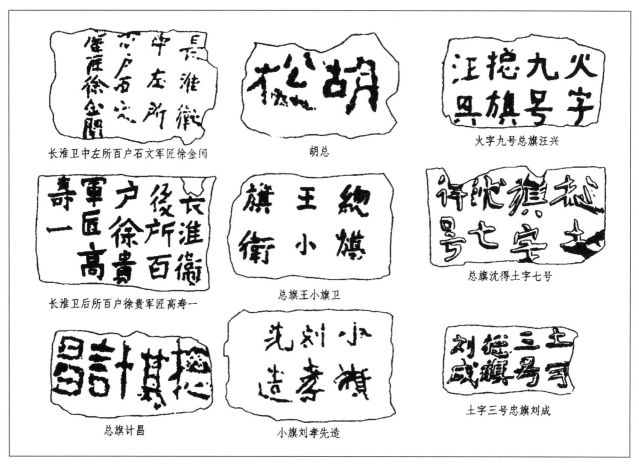

长淮卫中左所百户石文军匠徐金闷　　　　　　胡总　　　　　火字九号总旗汪兴

长淮卫后所百户徐贵军匠高寿一　　　总旗王小旗卫　　　　总旗沈得土字七号

总旗计昌　　　　　　小旗刘孝先造　　　　　土字三号忠旗刘成

图 5　卫所砖

　　凤阳右卫、留守左卫大概也有砖，只是由于普查时注意不够，目前还未找到。皇陵卫烧的砖也尚未找到，大概另有别的任务。

　　二，在以上卫所砖中，较完整的是怀远卫各所。还发现"长淮卫中左所百户陈信总旗张春小旗张一军匠□"砖和"长淮卫中左所百户石文军匠徐金闷"砖，根据卫所砖书写规律，可以肯定当时还存在"长淮中卫"，只是尚未看到当时史料的记载。据《明史》记载，只有长淮卫，没有长淮中卫。但这是后来的定制，因此当时是否曾经设置过"长淮中卫"，还需要进一步研究。

　　三，发现有留守司砖上印有"洪武十年"字："留守司中右所百户王垠所洪武十年"，"留守司□□右所□□户杨资总旗宋步小旗□□军人□□洪武十年□"，"□留守司中后所百户□所洪武十年"。说明在洪武十年的时候，已经有留守司机构。《中都志》《军卫》："中都留守司，故行大都督府也，洪武十二年，天策卫指挥金事万得创建，洪武十四年驸马都尉正留守黄琛开设，辖八卫一千户所。"《寰宇通志》凤阳府："中都留守司……在府治西南，本凤阳行大都督府旧基，洪武十二年改建留守司于此。"

　　据上述史料记载，留守司应是洪武十二年创建，或改建，因此从城砖实物和文献记载的出入看，有下列几种可能：

　　一，中都留守司在洪武十年以前已存在，并于洪武十二年迁至故行大都督府址。原中都留守司在何处，无文献记载。

二，行大都督府可能是中都留守司的前身，洪武十二年在原址改建为中都留守司，这种可能性比较小。

2. 总旗、小旗姓名砖

这类砖有三种：

一，已发现俱名总旗小旗的有："总旗贾小旗王"，"总旗王小旗卫"，"总旗杨德□旗□□军人王成"，"总旗周保□旗全长军人吴□□□"，"总旗周保小旗倪兴文军人初贤"，"□旗□□□百户□□总旗张捕成小其□伯□军□□戈"，"总旗董□小旗小军人"。

二，单名总旗的砖有：杨兴先、史保得、史保寿、邢秬、朱、孟、王得、赤、张保、孔、姬闰、黄虎、时、余熟古、彦文包、叶成、陈福、侯甲、周伏、唐友亚、许、杨、施小翁、施小弟、林寿、董成、胡、赵良、周木、赵顺、郭贤、张申、计昌、末李、周胜、店赵、邯邑、宋本、盛旺、荣茂、赵良兴、叶茂、朱进、庤兵兕、王成、孙忠。

三，单名小旗的砖有：赵才陵、李成、邓二、李成、谢黄、王保成（戌）、闻、王成、吕、赵顺、郭贤、丁、李就古、陶、李、杨、刘孝先、马、杨详、王□、孟大丁（孟犬下）、胡、顾羊、王成下、卫、博、乔贵下、王保成。

《明史》卷九十《兵志》二《卫所》："太祖……而核其所部兵五千人为指挥，千人为千户，百人为百户，五十人为总旗，十人为小旗。"

从以上三种砖说明当时军人烧砖，具体负责到小旗一级。

上列姓名中王成、赵顺、郭贤等名字在总旗、小旗都有出现，有两种可能性：（1）重名重姓；（2）在烧砖过程中，从小旗提升为总旗。

3. 五行砖

金木水火土五行字号加总旗姓名的砖，已发现的有：

一，金字号总旗名16人：

金一：王玉；

金二：王真、李玉；

金三：谢共、杨德；

金六：逝宗、鲍日、胡；

金七：李；

金八：厈；

金九：范梓；

金十：史；

金十二：申石王。

二，木字号总旗名3人：

木二：刘木；

木六：梁□木；

木十：陈桓。

三，水字号总旗名 14 人：

水二：陈光；

水三：史；

水五：韩谷、作彐；

水六：陶廷、田耻、周旺；

水七：刘公；

水九：脱火赤；

水十：陈福、洪文志、甘濂；

水□：韦号杨、刘盛。

四，火字号总旗名 22 人：

火一：番成、李成、赵青；

火二：姚□、朱辛；

火三：恚成、史；

火四：李必先、曹清；

火五：童、余眶沼青；

火六：张英、张成；

火七：姜玉、俞梁、娄山；

火九：王兴、李□；

火十：李远（达）、□德、潘德山。

五，土字号总旗名 28 人：

土一：万□适、胡岳；

土二：伊面、郭□；

土三：刘成、谢荣；

土四：郭羲、郭□、沈（仇）成；

土五：祁祥、张法兴、张具、林三；

土六：张志、范主；

土七：薛贵、沈得；

土八：李涛、徐定、字寿；

土九：陈远；

土十：张；

土十一：杨春、□运；

土□：张青、王保、张成、胡。

六，字号不详总旗 5 人：

谢□、徐帖木、栾历干、迪□、郁□。

五行砖：木

五行砖：土

图 7　五行砖

这种砖有两种可能性：①是军队烧的砖。因为有总旗、小旗姓名。②也有可能是交由军队管理的移民或罪犯所烧的砖，把移民、罪犯按军队组织编制起来，由军队督率提调。

《太祖洪武实录》卷一百：洪武八年八月己亥，载《敕太师韩国公李善长、永嘉侯朱亮祖、南安侯俞通源抚谕诸屯，劝督农事》（并载《高皇帝御制文集》卷六、《凤阳新书》卷五、唐熙《凤阳府志》卷三十六）："前者移江南民十有四万诣凤阳，使各农田而实地以壮京畿。恐斯民之众，下人不能驭，特留卿等督责其事而提调之……卿等开国老臣，特示以利害，惟卿督责之是便。"

军队所烧的砖有卫、所等字样，总旗、小旗砖则没有，但至少可以肯定，即使不是军队所烧，也是由军队督造或管辖下烧造的，不可能是地方、人户、均工夫所烧。

还有大量不书姓名、所属的五行字号砖，估计也类似于五行字号加总旗、小旗名的砖，大概也属军队管辖的。

金、木、水、火、土五行砖编号自一至十二，写法也不完全一样，即使是同一字号，也有不同的写法：横写、直写，大字、小字，正写、反写，规范写、不规范写，各种都有，如"号字火"、"火字号"等。已发现金字1~12号、木字1~11号、水字1~10号、火字1~7号、9~10号、土字1~11号。

五行砖分布最广，数量最多，不但残留的城墙、门洞上有很多，到凤阳县城镇几乎家家户户墙上都有，举目皆是。但是五行砖上金、木、水、火、土和编号代表什么，还没有搞清楚。

还发现"九水号脱火赤"、"□字五号总旗徐贴木"。据名字的叫法来看，很像蒙古少数民族的名字。说明了明初政权的强大和巩固，不单是汉族，少数民族也被吸收到军队中，充实统治阶级的力量。

（四）字号砖

字号砖在中都城砖中的数量也不少，在残留的鼓楼、午门、西华门和城墙上，都可以随意找到字号砖。已发现的字号砖除金木水火土及其编号砖、总旗名砖外，有106种之多。字体、写法不同，内容相同的字号砖，从已发现砖的情况看，大致有20多种。已发现的字号砖有：一、二、三、四、五、六、七、八、九、十、十一号；甲、甲三、甲九、乙一、丁一、丁二、戊一、巳一、巳二、庚一、庚二、辛一、癸二；仁、仁一、仁二、仁三、义、义三、礼、礼戈、智、智一、信；温、良、恭、俭、俭二、让；天、天四、地、地四、玄二、玄四、玄五、玄七、黄、宙；春一、夏二、秋三、冬四；乐、人十二、工、元、公、福、成、伦、给、咏、数、数字、胜一、胜二、射、射三、亩、明二、军四、山叁、山号水叁、中、中一、中三、正、日、和一、和二、商一、遇、遇二、遇四、显、全、合、金、早、治、部五、号、焦、大吉、王夙、天来、日七、且等等。

这些字号砖中，除有些单字外，多数也按一、二、三、四……顺序排列、编号。同五行砖一样，最多只排到一个地支，即十二号，如"玄七"、"人十二"等。但更多的只排到一、二、三、四，如"胜二"、"明二"、"夏二"、"中三"、"山叁"、"射三"、"遇四"、"天四"、"地四"等。

对于这类字号砖，目前尚不清楚是何人所烧。地方砖均有州县名，军队砖有卫所名，似可除外，但字号砖所代表的单位究竟是服徭役的民夫还是移民，还是罪犯，尚难断定。

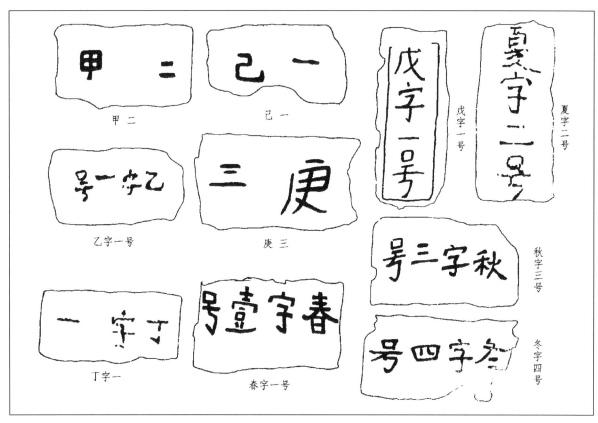

图 8　字号砖

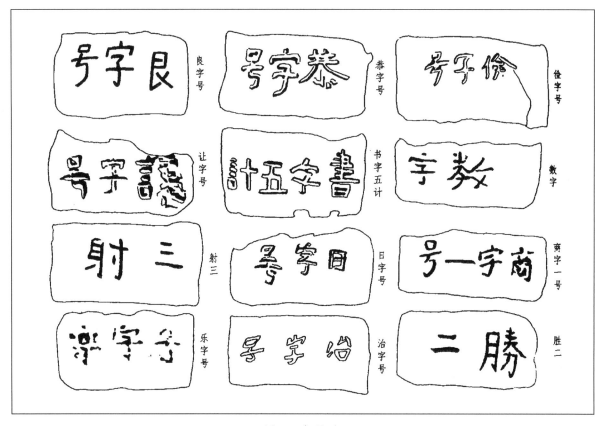

图 9　字号砖

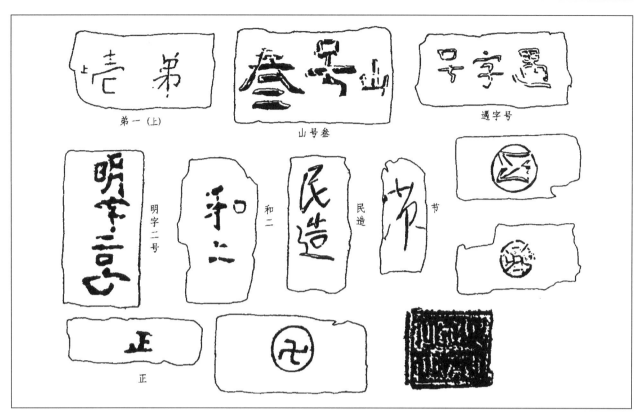

图10 字号砖

或者，是否可以认为它代表的不是类似军队编制那样的组织，而是临时的、散乱的有多少算多少，有几排到几的组织，或者可以认为是记录砖窑名称和出窑次数的符号。

还有一部分符号砖，如"阝五号"，"⊠"，"ICI"，"⊗"等，类似于图章，大概也与字号砖是同一类型的人所烧造。

（五）纪年砖

纪年砖有4种：

一，军队、卫所砖上附有烧砖的纪年。

　　"留守司中右所百户王垠所洪武十年"；

　　"留守司中后所百户□□所洪武十年"；

　　"留守司□□右所□□户杨资总旗宋步小旗□□军人□□洪武十年□"。

二，地名砖上附有烧造的纪年。

　　"淮安府盐城县提调官卜主簿司吏徐广作头孙八三洪武七年　月　日"；

　　"淮安府安东县造提调官县丞刘□作头丁成杨造洪武七年二月　日"；

　　"淮安府海州提调判官刘□□作头朱德山洪武七年　月　日"；

　　"淮安府海州提调判官刘子安司吏徐庸作匠朱立山洪武七年　月　日造"；

　　"丹阳县提调官主簿李伯延司吏郑良匠人何盛洪武七年　月　日造"。

三，均工夫砖上附有烧造的纪年。

　　"洪武四年均工夫造"；

"临江府新淦县洪武四年均工夫造"。

四，纪年砖。

"洪武三年造"；

"洪武七年造"。

有纪年的砖在军队卫所砖、地方砖、均工夫砖上都出现过，有的砖写纪年，有的砖不写，因此可以说书写纪年是可有可无的，但从纪年砖上的年代正好与文献资料上记载的修建中都城年代相符合这一点说，它从实物上证明了文献资料的正确。

（六）刑狱砖

曾发现过极个别的刑狱砖，"城狱造"。说明当时罪犯到凤阳来也有烧砖任务。

（七）其他类型的砖

1. 运来的墨书城砖

在午门内金水桥下发现两块墨笔书写的砖："应天卫后所百户□□□总旗陈信小旗□贵，运到城砖一千块整□洪武六年九月七日"，"扬州卫右所百户刘青石小旗王均用胡名运到砖一千块整"。

"运到城砖"有几种可能：①在外地烧好了砖，运到凤阳来。因为从砖上字看来，应天卫、扬州卫距离中都城不太远，而且数量不多，只有"一千块整"。②在凤阳烧好的砖，运到交收地点。因为城砖很重，每块50斤，运送不方便，而到凤阳来烧造，水土方便，距离又近。所以不能排除这种可能性。

这两块砖用墨笔书写，可能是在砖运到之后才写的。

是否除了应天卫、扬州卫外，别的卫所，别的地区也有运来的砖不清楚。但从这两块"运到城砖一千块整"的记录看，总数目决不仅这些。

2. 刻划书写的砖

已发现的有字砖，绝大多数是模印的字，印好之后再烧造的。其中有少量砖上的字是用竹签刻划书写的，书写流利，没有模印的痕迹。显然是出模后的手书。这种砖多出现于地名砖上，如"南昌府南昌县"的竹签写砖就有相当一批。估计是印模不敷应用，来不及模印而补书的砖。

3. 雕花砖

发现几块雕花砖，在城砖长侧面雕有优美的菊花等花纹，深度约为1.3厘米。

（八）无字砖

无字砖在中都城砖中的比例最大，在凤阳现存城砖中占半数以上。残留下来的皇城西墙外侧，有段长达几米的墙砖无字。为什么同时建筑，有的砖有字，有的无字，尚不清楚。从有字砖与无字砖数量的比例来看，可能多数砖是无字的，有字砖只是由某单位负责烧造的标记，所以数量不多。

（九）字砖的规格、字体

1. 字砖规格

标准城砖长40厘米，宽20厘米，高11厘米，误差在半厘米左右，重约50斤。也有个别较薄和特大的砖，特大砖厚至 13~14 厘米。有字面一般都在侧面。地名一般印于长侧，少数印于两侧，个别有印在大面上的，如"袁州府萍乡县造"、"赣州府瑞"。军队、字号印于短侧，如"总旗计昌"、"金字号"等。

2. 字砖的书写格式、方法

一，有横写、直写，一般从右到左、从上到下，例如：

（横写）号拾字土（横写，自右至左）

（直写）金字十一号 捻旗刘仲思（直写，自上至下，自右至左）

也有从左到右的。例如：

土字三号 智字号

说明在明朝时候就已有从左到右的写法了。

二，有正写，有反写，有正反都写的。例如：

夏字二号（正写）天字四号（反写）

号一十字木（反正都有）

反写字大概是因为刻砖模时刻反了。

三，有凸字、有凹字，深度或高度一般在 2 毫米左右。

四，异体字。

字砖上的字多数写法规范，也有少数异体字，如"壹"字写为"壱"字；"贰"字写为"貮"、"夷"、"械"、"贰"字；"叁"字写为"叁"字；总旗的"总"字都印成"捴"、"捻"、"緫"，而不写"緫"字；"旗字"有时也写成"其"字。另外，还有一些如"县"、"奥"、"坐"、"由"等字，也是不规范的，这些写法不见于史书，不见于辞典，因此不知是否是当时流行的写法，还是有意避讳。这些异体字对我国文字的发展提供了资料，可供文字改革参考。

（十）城砖数量

一，明朝自洪武二年九月修建中都城到洪武八年罢建中都，修建了大量建筑物，用砖不可胜数：皇城墙长六里，高　米，宽　米；中都城九门、十八水关、北左甲第门两侧砖墙，独山半截东城墙；宫殿；桥；鼓楼、钟楼等等台基；皇陵城；还有其他大量的坛庙、官府、营房、公侯宅第……这些大规模建筑，一时还难以估计确切的用砖数量，但总数约计总在百万以上。

二，现今除了仍然保留的鼓楼台坛、皇城南城墙西段、西城墙、午门洞、西华门洞的砖外，凤阳县及附近农村除这一两年新建房外，几乎家家户户都用清一色的大城砖盖房、砌墙，甚至盖厕所、畜舍、铺路也用城砖。照当地话讲"我们凤阳人是吃着老祖宗600年了"。此外，"文化大革命"时期，凤阳县仅出卖给上海的城砖就有100多万块。1974年夏，城西公社盖大楼，扒内五龙桥的砖，结果桥没扒完，一幢二层大楼就盖好了。可见当时中都用砖量之大。原安徽省第四监狱（今凤阳县党校）的大群建筑，也是扒了几座桥盖起来的。

（十一）烧砖地点

修建中都，征调各地的劳役，烧造大量城砖。南京、江西、湖广许多州县和中都留守司所属各卫多数都有烧砖任务。城砖究竟都是在凤阳本地烧的，还是有外地烧好运来的，要进一步调查、研究。但下列两点可以肯定：①卫所的砖肯定是在凤阳当地烧的，因为留守中卫、凤阳中卫、怀远卫、长淮卫等都在当地，不会跑到外地烧了运来。②移民、罪犯的砖，当然也是在凤阳当地烧的。

皇城东七里处独山大队小铁路基附近独山涧旁，挖出大量砖窑，比比皆是，甚至曾挖出过整窑的城砖。据当地老人讲，西庄周围方圆七八里地分布几百个砖窑。1981年3月，我们两次到现场挖掘，挖出金字号砖及窑围。但没有找到烧地方砖的窑。当地老人讲，此地有运粮河，从淮河运粮食，可以供应民夫，当地又有水，井很多，荒地很多，烧砖很方便。这样大面积的一片砖窑，似乎可以证明中都城砖大部分是在此地烧的。

另外，在独山东窑湾、城西公社南窑湾、老人桥南也发现大批砖窑。

各地方到凤阳烧砖的可能性很大：每块砖重50斤，路途遥远。从江西、湖广到凤阳几千里地，运输艰难，但是我们也不排除外地运砖来的可能性。这些问题，有待今后进一步发掘砖窑遗址才能证实。

（十二）明初建筑物上地名砖、卫所砖、字号砖的排列情况

现在尚保存洪武时期所建建筑原状的地方，只有午门、西华门、西城墙及南城墙西段一部分和鼓楼台基。从这些遗址上保留的城砖看，字砖排列还是带有一定规律性的。

1. 皇城

午门5个门洞：字砖几乎都是地名砖，且集中为南昌府、吉安府、安庆府、赣州府各县，其中杂有少量九江府、建昌府、□□□巡检司及个别字号砖；遇字四号、玄字二号·中；"临江府新□县十一和（都）均工烧造"；个别符号砖：⊗、Ⅱ、ICI等。

南墙两段外侧（东至西）：扬州府泰兴县、丹阳县、洪武七年造、丹阳县、洪武七年造、镇江府丹阳、金坛县、仪征县、江都县、丹阳县、南昌府南昌县、安庆府太湖县、怀宁县、吉安府安福县、南昌府、赣州府、南昌府新□县、抚州府临川县、单安县、白水县（？）、吉安府永宁县、宣城县。

东南角楼：袁州府宜春县。

西华门里墙：新建县、广信府、进贤县、新建县、相城县、赣州府。

到此为止，基本上都是地名砖，有个别字号砖，没有军队、卫所所烧的砖，说明上述建筑是属于地方供应砖的。

西华门南洞南侧：南昌府□□县、□陵府县、赣州府、吉安府、三仁、仁一、一仁。

西华门南洞北侧：总旗荣茂、总旗董□小旗小军人、恭字号。

西华门中洞："仁一"一片，"金号"一片，还有仁二、金字号、□号、三号、第四号、安庆府。

从西华门洞内字砖分布看，地名砖只看到一块，多数为军队砖和字号砖。从残存明中都城皇城城墙看，估计地方主要负责的是南墙和午门洞，自西华门始，以军队砖为主。

西墙外侧（自南向北至西墙中部偏北为止）：火字号、总旗□□、木字四号、赣州府赣县造、金字一号、总旗□□；西华门洞向北约30米处，"木字四号"一片；总旗府兵、总旗王成；西华门洞向北约40米处，"木字七号"一片；总旗施小弟、总旗荣茂、义字号、总旗孙忠；"木字八号"一片；总旗朱进；西华门洞向北约50米处，"木字十号"一片，"总旗末李"一片；总旗荣茂；"火字一号总旗番成"一片约10米长一段；"火字十二号总旗盛□"一片；火字一号总旗赵□、火字十二号总旗□□、木字十一号、夏字二号、十一号、仁字号、三号、工；"胜二"一片；一；"和二"一片、"和一"一片；中一、射三、三、一中、玄字二号、来字号、四号、玄字一号、仁字号、玄字二号、金、和二、四、壹、贰号、六号、五、贰号、数一号、胜二、吉水县二十、□字四号T、信字号、中三、火字号、四号、弟四号、秋字三号、四号、火字号、中三、火字号、和二、四号、秋字三号、中、中三、五、火字号、金、和一、和二、十、射三；"贰号"一片；"中三"一大片；贰号、"贰木号"一片；玄字二号、射、胜二、金字号、金三号、中三、胜三、十、早字号、水字二号、土字号、中三、贰号、南昌府□□、抚州府临川县造、吉安府庐陵县、□□□□县。约10米墙无字砖。安庆府桐城县、□□□□昌、县、合、遇字二号。一片有字砖已不清晰。五六米左右无字砖。吉安府□县造、南昌府、射三号、显字号、中三、玄字号、十、贰木号、吉安府宁县、全、号、建昌府南中县。

从这段城墙看，地名砖、军队砖、字号砖都有，显得较为杂乱无章，但仍可依稀署出排列次序：火字号、木字四号、木字七号、木字八号、木字十号、总旗末李、火字□号总旗番成、火字十二号总旗盛全、仁字号、和二、和一、胜二、中三、贰号、贰木号、四号、五、信字号等，互相交错在一起，一片一片地排列的，而且很集中，中部吉安府、南昌府、安庆府等又集中了一片地名砖，又大约10米左右无字砖后又是字号砖，夹带地名砖：建昌府南中县、吉安府等。在整个墙中，"中三"等字号砖拉线很长，这类砖在其他明初残留下来的建筑上是不多的。说明"中三"等砖只供应皇城西墙。另外一些字号砖如"贰号"、"胜二"等在其他建筑物则有较多的出现。

西墙自北向南约30米左右一段：凤阳卫有一段，非常集中，紧接着是长淮卫又一段，也非常集中，夹杂一两块字号砖，因此，该段城墙由凤阳卫各所和长淮卫各所分别提供城砖。

总的说来，从现存皇城看，地名砖、卫所砖、总旗姓名砖、字号砖都占相当的比例，因此，修皇城的砖，不是仅由军队或地方所烧。

2. 鼓楼

鼓楼南墙西段（自下而上）：

金一、土一、木一、辛一；

木四；

土六、乙字一号；

土八；

水二；

土三。

鼓楼南墙西南角有一片东西长约 5 米、高 30 层的砖，都是"土字九号"。

整个鼓楼外墙基本都是五行砖，在鼓楼门洞内有一些地名砖，如"扬州府六合县"、"扬州府江都县"等。

以上情况都说明了当时修建城墙及其他建筑时，是各有分工的，按地段由不同的单位提供城砖。

明皇城建于洪武五六年，主要是地方烧砖和军队烧砖；鼓楼筑于洪武八年，那时已移来江南豪民 14 万，全国的大批罪犯被发至凤阳来"输作终身"或"限年输作"。劳动成员的组成发生了变化，在城砖上也有了相应的反映。

由于明中都建筑大都已被拆毁，城砖已被移作他用，离开了原位，因此对许多字号砖，就很难予以科学的分析与说明。

（十三）中都城砖是珍贵的文物，值得研究

城砖有字在历史上是不多见的。明朝修建中都城时，为了讲究质量，用高标准要求，为使各烧砖单位负起责任，便于检查，因此把地名、军队卫所、烧砖官员、人匠、军匠名字写在砖上。中都和南京城砖上留下的这些字迹，是一份珍贵的文化遗产，它为研究明中都的建筑历史和明初的地理沿革、军队设置、官吏名称、徭役制度、刑罚制度、文字演变等等方面提供了很多有研究价值的文物。

过去几千年来，祖国无数的伟大建筑，都是广大群众创造的，但究竟是谁创造的呢？能说出姓名来的寥寥无几，都是无名英雄。而中都和南京的城砖却为我们留下了一大批确确实实的真实姓名。

（原载《明中都遗址考察报告》之"十、明中都城砖"，见于《明中都研究》，中国青年出版社，2005 年出版）

附录三

（节录自《朱元璋与凤阳》字砖一节）

字 砖

夏玉润

已故原中国建筑学会建筑历史学术委员会会长、中国紫禁城学会会长、北京故宫博物院副院长单士元先生在凤阳时曾向笔者讲过一段趣闻：美国一家博物馆向全世界各大名城征集象征本市的物品。北京市送给这个博物馆的物品是，在精致的盒子里，放上两块用金丝绒布包着的明朝永乐年间制作的城砖。单老接着风趣地说："凤阳中都的城砖，历史比北京悠久，文物价值更高，举目皆是。就是农民的猪圈、厕所也都是用无价之宝的城砖砌成。从这点说，凤阳人民应是当今世界最富有的人民。"

中都城砖究竟有多少？谁也说不清。

新中国成立后，原安徽省第四监狱（今凤阳党校）的大群建筑，是仅扒了几座桥便盖起来的。

1968年至1969年，在不到一年的时间，凤阳县为了增加财政收入，仅卖到上海的城砖便有几百万块。

1974年春，城西公社提供80万块城砖兴建临淮化肥厂，仅扒了外金水桥、东华门、西华门内大桥各一座以及午门门楼。

1974年7月，城西公社盖办公大楼，结果内五龙桥的砖没扒完，一幢二层楼就已盖好了。

如果把中都皇城、禁垣、中都外城的两段砖墙以及九门、十八水关、宫殿、桥梁、鼓楼和钟楼台基等所砌的砖全部统计在内，总数大约为万万计。

明初营建中都所需要的城砖是向全国征集的。为了便于检查和收取各地、各单位所提供城砖的质量和数目，需要他们在城砖上留下标记：如注明自己的单位，提调官员和工匠的姓名，烧制的时间等等。这样，就在城砖上留下了各种文字或代号。人们把这些标有文字和代号的城砖称为"字砖"。

明中都城砖分无字砖和字砖两种。其中字砖约占城砖总数的一半，从颜色来看，绝大多数为青灰色砖，极少部分为白瓷砖。

标准的中都城砖长 40 厘米，宽 20 厘米，厚 11 厘米，误差在 0.5 厘米左右，重约 25 公斤。其中也有较薄和特大的砖，如特大砖厚 13~14 厘米。中都城砖与南京城砖相比，南京砖长度一般为 38~45 厘米（42 厘米以上较多），宽度为 21~22 厘米，厚 10~13 厘米，略比中都砖大些。

明中都字砖上的文字大多刻在砖的侧面或横头，极少数文字刻在大面上。所以叠砌在墙上的字砖有显露字刻的可能。

1973 年至 1975 年，王剑英先生曾对中都字砖做过调查。1981 年 3 月至 5 月，滁县地区文化局刘思祥带领全区各县文物干部集中凤阳，配合王剑英及女儿王红，对中都字砖再一次进行普查。现将上述调查内容以及笔者所掌握的资料综合在一起，作如下叙述。

中都字砖主要分为六类：地名砖、卫所砖、五行砖、字号砖、刑狱砖和墨书砖等。

一　地名砖

地名砖，又称地方烧造的砖。

目前，共发现有直隶南京、江西、湖广两省 22 府、68 县、2 个巡检司的砖。

现将中都地名砖排列在左侧，把南京与中都相同府治的地名砖排列在右侧，两者进行对比：

南京字砖共发现了 33 府行省、12 州、150 县和 7 镇。南京有如下府县在中都未发现：应天府所属 5 县，常州府所属 4 县，太平府所属 3 县，池州府所属 6 县，庐州府所属 6 县，瑞州府所属 3 县，南康府所属 3 县，开州府，承天府所属 2 县，沔阳府所属 1 县，荆州府所属 3 县，蕲州府所属 2 县，岳州府所属 2 县，安陆府所属 1 县，永州府所属 1 县等。这里不一一细谈。

南京明字砖比中都多，主要有三个原因：一是南京城周长 37.14 千米（内围 33.4 千米），比中都城要大，且全部砖砌，自洪武元年开始正式动工兴建，至洪武末年才全部完工，用砖量大于中都。二是凤阳对字砖调查研究仅限王剑英先生的先期工作，至今无人问津。三是在中都字砖中，地名砖数量较少。

在地名砖中，未发现凤阳府（临濠府、中立府）烧制的砖。而在南京字砖中，应天府当时所属的上元、江宁、句容、溧阳、溧水五县全部有地名砖。据此，凤阳府所属州县也应该烧砖。合理的解释是，已发现字砖中的府一、

图 1　地名砖

中都地名砖	南京地名砖[1]
南京	南京
［淮安府］山阳，盐城，安东，沭阳，海州，赣榆	
［扬州府］江都，仪征，泰兴，兴化，通州，海门，六合，高邮州	［扬州府］仪真，泰兴，兴化，通州，海门，高邮，泰州，如皋，宝应（淮安州）
［镇江府］丹徒，丹阳，金坛	［镇江府］丹徒，丹阳，金坛
［安庆府］怀宁，桐城，潜山，太湖，宿松，望江	［安庆府］怀宁，桐城，潜山，太湖，宿松，望江
［宁国府］宣城	［宁国府］宣城，宁国，泾县，南陵，旌德，太平，广德州，建平
江西省	江西省
［南昌府］南昌，新建，进贤，奉新，武宁，宁县，北六	［南昌府］南昌，新建，进贤，奉新，武宁，宁县，靖安，丰城
［九江府］瑞昌	［九江府］瑞昌，湖口，德化，彭泽，德安
［饶江府］乐平	［饶江府］乐平，鄱阳，浮梁，德兴，馀干，安仁
［广信府］铅山，永丰	［广信府］铅山，永丰，玉山，贵溪，上饶，弋阳
［建昌府］南城，南丰，广昌	［建昌府］南城，南丰，广昌，新城
［抚州府］临川，崇仁，金溪	［抚州府］临川，崇仁，金溪，宜黄，乐安
［吉安府］庐陵，泰和，吉水，永丰，安福，万安，永新，永宁	［吉安府］庐陵，泰和，吉水，永丰，安福，万安，永新，永宁，龙泉
［临江府］清江，新淦，新喻	［临江府］清江，新淦，新喻
［袁州府］宜春，萍乡	［袁州府］宜春，萍乡，万载，分宜
［赣州府］赣县，信丰，会昌，安远，瑞金，龙南	［赣州府］赣县，信丰，会昌，安远，瑞金，龙南，宁都，兴国
湖广省	湖广省
［武昌府］浒黄洲镇巡检司，金口镇巡检司	［武昌府］武昌，汉川，德安州，随县，应山，兴国州，通山，崇阳，汉阳，大治，咸宁，蒲圻，蒲州，通州，嘉鱼，通城，江夏，金口镇，浒黄洲镇，鲇鱼□镇
［汉阳府］汉阳，汉川	
［黄州府］麻城，黄冈	［黄州府］麻城，黄冈，蕲水，蕲州，开州，广济，黄陂，麻城，中和镇
［岳州府］巴陵（？）	［岳州府］临湘，华容
［长沙府］长沙，浏阳，湘乡	［长沙府］长沙，醴陵，宁乡，湘潭，善化，浏阳，湘阴
［常德府］龙阳	
［衡州府］常宁	

府二、府三、府四、府五、府六、府七、府九，应是凤阳府各州县烧造的地名砖，至于各州县的具体代号，尚不清楚。

供应中都的地名砖为直隶南京、江西和湖广两行省。十分巧合的是，供应南京城的地名砖也是上述三地。其中应天府只供应南京，而凤阳府只供应中都。看来明政府在同时营建这两座都城时，是经过认真考虑、严格分工的。在上述三地区中，路途遥远、交通不便或受灾严重的府州县，均无供应地名砖的任务，如徽州府、广德州、南安府、德

---

[1] 王少华：《南京明代城墙的建造》，《东南文化》1997年第3期。

安府、襄阳府、宝庆府、辰州府等。根据这一现象，可以得出这样的结论：地名砖主要是通过水路（近处也可用陆路）运至中都或南京。关于运输一事，下面将要谈及。

江南的苏、松、嘉、湖、杭等地离中都、南京虽近，水路亦方便，但这些地方是国家钱粮供应的主要地区，为了保证他们把源源不断的粮食等物资供应于两都建设，供应北方与元残军战争中的军需，所以明政府没有向他们下达供应城砖的任务。至于山东、河南两行省没下达供砖任务，是因这里人烟稀少，百姓贫困，水路交通不便等。因此，朱元璋选择南京、江西、湖广供应城砖，是十分正确、合理的。

中都地名砖有如下几种类型：

1. 仅有县名。如："宿松"，"海门县"，"长沙县造"等；

2. 府县名均有。如："安庆府潜山县"，"淮安府海州赣榆县"，"南昌府武宁县造"等；

3. 地名砖加上提调官、司吏作匠的题名。如"扬州府江都县提调官主簿吕□府吏将□□作匠□□"，"海门县提调官吏典史郑□司吏杨文廷作匠高□□"等。

4. 地名砖加上提调官、司吏作匠的题名和制造年、月、日。如："淮安府海州提调判官刘□□司吏徐庸作匠朱□□洪武七年　月　日"，"淮安府安东县造□□判官县丞刘□□□□□成杨遇□□□□二月　日"等。

5. 仅写几都、某巡检司、某镇、府几的地名砖。如："拾玖都"，"金口镇巡检司"，"（城）袱镇"，"府七"等。

6. 均工夫砖。如："临江府新淦县洪武四年均工夫造"，"临江府新□县十一和（都？）均工烧造"。均工夫，亦称"均工"，是洪武初年规定按田派役的役法。役法规定：地凡一顷者，出丁夫一人，不足一顷者，与其他人土地合并计算应役，叫"均工夫"。均工夫砖的发现，说明了修建中都，不论是百亩以上的大户，还是只有少量土地的农民，一律要承担烧砖的徭役。

图 2　均工夫砖

二　卫所砖

营建中都时驻守中都的军事机构为凤阳行大都督府。罢建中都后不久，改为中都留守司。中都留守司管辖八卫一所：皇陵卫、凤阳卫、凤阳中卫、凤阳右卫、留守中卫、留守左卫、怀远卫、长淮卫、洪塘湖屯田千户所。

卫所砖，即指上述卫所烧制的砖。目前，已发现如下卫所为中都提供字砖。

［留守司］留守司后所、留守司左所。

［凤阳卫］凤阳卫左所、凤阳卫右所、凤阳卫后所。

［凤阳中卫］凤阳卫中所。

［留守中卫］留守司中右所、留守司中后所、留守司中左所。

［怀远卫］怀中所、怀左所、怀右所、怀前所、怀后所。

［长淮卫］长淮卫后所。

目前尚有三个卫未见烧砖。其中皇陵卫的主要任务是负责皇陵的守护，估计没有烧砖任务。另外两个卫所烧造的砖亦待考察。

卫所砖的署名格式有如下几种：

1. 详细的署名。如："留守中左所百户王载总旗□祥小旗小雇军人郭二造"，"凤阳卫左所百户张俊总旗张甫成小旗□来□军□造□"等。

2. 较简略的署名。如："怀前潘百户造"，"怀中百户方造"等。这里"怀前"指怀远卫前所，"怀中"指怀远卫中所。

图3　卫所砖

3. 署总旗、小旗。如："总旗王小旗卫"，"总旗贾小旗王"等。

4. 单署总旗。如："总旗计昌"，"胡总"等。

5. 单署小旗。如："小旗刘孝先造"，"小旗乔贵下造"等。

6. 卫所砖加年号。如："留守司中右所百户王氓所洪武十年"，"留守司□□右所□□户杨资总旗宋□小旗□□军人□□洪武十年□"。

通过卫所砖，从中看出中都卫所的建置沿革出现两个疑点：

其一，关于留守司的创建时间。从字砖上得知，洪武十年便出现留守司，而据《中都志》、《寰宇通志》两书，均说建于洪武十二年。这说明此时的留守司与罢建中都后于洪武十二年开设的中都留守司是两个不同的组织。据《明太祖实录》卷四九记载：洪武三年二月丁亥，"置留守卫指挥使司……专领军马、守御各城门及巡警皇城与城垣造作之事"。这里的"留守卫指挥使司"相当于洪武初年的"拱卫司、拱卫指挥使司"，洪武二年以后改称"亲军都尉府"。该组织的任务是掌皇帝仪仗护卫，即相当于洪武十五年以后的"锦衣卫"。朱元璋诏建中都后，这一组织当然要成立，因当时中都处于营建之中，故"留守卫指挥使司"（简称"留守司"）的任务是"专领军马、守御各城门及巡警皇城与城垣造作之事"。烧造城砖是他们的任务之一。罢建中都后，即洪武十二年，自中都留守司建立后，"留守卫指挥使司"便随之消失。

其二，关于"长淮中卫"。在卫所砖中发现有"长淮卫中左所百户陈信总旗张春小旗张一军匠□"砖和"长淮卫中左所百户石文军匠徐金关"砖。根据卫所砖书写规律，可以肯定，当时还存在"长淮中卫"。据《明史》记载，凤阳只有长淮卫，而无长淮中卫，这又成了一个疑问之处。据《明太祖实录》卷二六记载，早在朱元璋尚未建国之前，即吴元年十月辛亥，朱元璋在临濠设立了第一个军事机构："置长淮卫指挥使司于临濠"。当时尚未诏建中都，"长淮卫"可能是位于当时临濠城内外（即今临淮镇）。到了洪武四年四月乙未，"置长淮卫于临濠统领水军"[1]。这时又出了一个"长淮卫"。从其任

［1］《明太祖实录》卷六四。

务"统领水军"来看，它即是后来中都留守司所辖的那个长淮卫，其地址在今蚌埠市长淮镇。这样一来，凤阳一地不可能出现两个"长淮卫"。吴元年成立的"长淮卫"此时改为"长淮中卫"，洪武十二年开设中都留守司后，长淮中卫并入驻扎于临淮城的凤阳卫或其他卫所中。由于长淮中卫建置时间很短，又与后来的长淮卫重名，所以史书把它省略不记，但字砖中却留下了这个卫所的短暂历史。

从目前发现的卫所砖来看，它全是中都留守司所属八卫一所烧制的砖。

三　五行砖

所谓五行砖，即在字砖中出现金、木、水、火、土五行字号的砖。

五行砖是中都字砖中分布最广、数量最多的一种砖。在现存的皇城砖墙、鼓楼基座以及被扒拆下来盖成民居的墙上，到处都是五行砖。

五行砖一般与1至12号（1至12为地支12数）相配，如"金字一号"、"土字八号"等等。目前只有木字12号，水字11号、12号，火字8号、11号、12号，土字12号没有发现。

五行砖往往与卫所总旗姓名相加。如"火字九号总旗汪兴"、"总旗沈得土字七号"等等。说明这一类砖为军队卫所烧造。或是由军队管理的移民、罪犯所烧的砖，即把移民、罪犯按军队组织编制起来，由军队督率提调。

在五行砖中，还有大量不书总旗及姓名的砖。估计此类砖与书写总旗姓名的砖属同一类型的砖。

五行砖上还有"九水号脱火赤"、"□字五号总旗徐帖木"。脱火赤、徐帖木似为蒙古等少数民族姓名，这说明少数民族亦到明朝军队中服役。

五行砖应属于军队烧造，或由军队督率提调的移民、罪犯烧造的砖。如果这一推断能够成立的话，那么部队烧造的砖具有如下两个特点：

1. 军队烧造的砖分两大类：一类是凤阳地方部队（后属中都留守司所辖的八卫一所）所烧造的"卫所砖"，另一类为直属中央——中都京营部队所烧造的"五行砖"。

2. 据王剑英考证，"五行砖分布最广、数量最多"。由此可知，在烧砖这一最繁重的工役中，京营部队充当重要角色。

四　字号砖

这部分砖的数量较可观，内容丰富，有

图4　五行砖

近两百种。已发现的字号砖（除去五行砖）如下：

1. 数目砖。如：一、二、三、四、五、六、七、八、九、十、十一。

2. 数目加号砖。如：三号、贰号、伍号等。

3. 天干砖。如：甲二、甲三、甲九、乙一、丁一、丁二、戊一、己一、己二、庚一、庚二、辛一、癸二等。

4. 千字文砖。如：天、天字四号、地、地四号、玄字二号、玄四号、玄五号、玄七号、黄、宙等。

5. 四时砖。如：春字一号、夏字二号、秋字三号、冬字四号等。

6. 六艺砖。如：礼字号、乐字号、书字五号、数字、数号、射、射二、射三等。

7. 仁义礼智信砖。如：仁字号、仁一、仁二、仁三、义字号、礼字号、智字号、智一、信字号等。

8. 温良恭俭让砖。如：温字号、良字号、恭字号、俭字号、俭字一号、俭二、让字号等。

9. 其他字号砖。如：中、中一、中三、日字号、治字号、商字号、商一、胜一、弟一、弟四、弗、遇字号、遇二、遇四、山号叁、山三号、山号水叁、和一、和二、明字二号、显、全、合、焦、金、早、人十二、工、元、公、福、成、伦、给、咏、亩、军四、正、日、大吉、王风、天来、耳、节、钟正七□、民造、日七等。

10. 符号砖。如：⊗、⊕、⊠、IOI 等。

在上述字号砖中，除有些单字外，多数也按一、二、三……序号排列、编号。同五行砖一样，最多只排一个地支，即十二号。如"玄七"、"人十二"。但更多只排到一至四。如"胜二"、"明二"、"中三"、"遇四"等。

在上述字号中，大多透露出儒家文化。如"六艺"，指古人教育学生的六种科目，即：礼、乐、射、御、书、数。"仁义礼智信"为儒家所提倡的"五常"。"温良恭俭让"，为儒家所倡导的五种德行：温和、善良、严肃、节俭、谦逊。至于"千字文"，是指南朝梁武帝指令给事郎周兴嗣用一千个不同的字编写的文章。四字一句，对偶押韵，便于记诵，后来用为儿童启蒙读本。这些具有儒家思想文化的字与地支十二数相配形成儒道交融的字号砖。

还有一些笔者无法排列成文的单个字，如：显、金、合、早、人、工、元、公等，这些字虽不是出现于儒家必读的经典之作，但可能属于明初流行的小道、小文章之中。

字号砖没有深刻的含义，仅起着辨别城砖归某一组织或人烧造的符号，或是认为记录砖窑名称和出窑次数的符号。至于它属于什么单位烧造，尚难断定。它可能代表的不是类似军队编制的那样组织，而是临时的、散乱的民间组织。

五　其他类型砖

其他类型砖包括如下几种：

刑狱砖。

王剑英先生曾经发现过极个别的刑狱砖，砖上有"城狱造"字样，说明当时罪犯到凤阳服役时有烧砖任务。

　　墨书砖。

　　1974 年夏，王剑英先生曾在午门内金水桥下发现两块墨笔写字的砖："应天卫后所百户□□□总旗陈信小旗□贵运到城砖一千块整□洪武六年九月七日"，"扬州卫右所百户刘青石小旗王均用胡名运到砖一千块整"。

　　这两块砖大概是在外地烧好运至凤阳后，在砖上写上字，供有关部门验收。这说明临近中都的卫所亦有烧造城砖的任务。

　　刻划砖。

　　发现少量用竹签在砖上刻划文字。如"南昌府南昌县"的竹签刻划砖就有相当一批。这是因为砖模上原无字，待砖坯成型后，用竹签在砖坯上写上字，再入窑烧烤。

　　雕花砖。

　　王剑英先生发现几块雕花砖，即在城砖长侧面雕有菊花等花纹，深度约为 1.3 厘米。

　　在上述地名砖、卫所砖、五行砖、字号砖等，其字的规格、字体极不统一：有横写、直写，一般从右到左、从上到下，但也有从左到右的。其字有正写，也有反写；还有一块砖上，既有正字，又有反字。有凸字、凹字，深度或高度一般为 2 毫米左右。其字体大多规范，但也有少数异体字，还有不少不规范字。这些不规范字是当时流行写法，还是有意避讳，不得而知。这些异体字对我国文字的发展提供了资料，可供文字改革参考[1]。

　　尚需指出的是，中都字砖的字有不少精于书法，但多数出于文化不高、不懂书法人之手。笔者曾见过宋陵字砖拓片，它的艺术性远远高于明中都。这是因中都工程太大，用砖数量太多，各种不同职业的人均来从事这一工作，造成字体、规格千变万化的局面。

六　城砖的烧制及运输

　　明中都城砖的烧制方法，无史料记载。这只能从营建北京及十三陵的用砖情况，来了解明代城砖的制作过程。

　　明代皇家用砖大约有如下三种：

　　停泥砖。明代宋应星（1587~？）《天工开物》记载了当时城砖的烧制程序：首先要掘地辨土色，用料为"粘而不散、粉而不沙者为上"，然后"吸水滋土，人逐数牛错趾，踏成稠泥"，叫作练泥。练好泥后，"填满木框之中"，"平板盖面，两人足立其上，研转而坚固之"。砖坯阴干后入窑烧制。这种砖即为明中都用量最大的城砖，多用于垫层及隐散部分，其特点是质地坚实。

　　澄浆砖。土选好后，先用大筛子筛一遍，再用小筛子筛一遍。然后将泥土入池浸泡。经过沉淀，除去泥滓，将细泥从池中取出，用脚反复踩匀，用作泥坯。先在砖模里铺布一层，从踩好的泥中取一块约 60 斤重的泥头，滚成一团，用力将泥块摔入砖模中。泥块要不多不少，多了不好刮，少了不能补，一补就难于烧在一起。摔好从框中取出后，砖坯要棱

---

[1] 王剑英：《明中都遗址考察报告》。

角分明，六面光滑平直，并经专人检查，方算合格。当时一个摔砖把式，每天摔二三百块，强壮者最多摔四百块[1]。这种砖以山东临清烧制的最为著名，故又称"临清砖"。北京城墙即用临清砖。中都城墙的面砖，以及关键部位，均用澄浆砖。因营建中都时，临清官窑尚未建（建于永乐初年），因此，这种澄浆砖大多在凤阳制作，或在外地制好后，运至凤阳。

金砖。为宫廷室内、廊子地面所铺的方砖。金砖种类较多，以北京故宫为例，尺二方砖多铺于小房室内，尺四方砖铺于一般配房，较大的房室用尺七方砖。金砖中规格最大者为二尺或二尺二的方砖。金砖是苏州五府烧造的。金砖的制作方法，除选土、练泥、澄浆、制坯、阴干等严格而又细致的工序外，其烧造更为细腻。据明代在苏州主持制砖的工部郎中张向之撰写的《造砖图说》一书记载："入窑后要以糠草熏一月，片柴烧一月，棵柴烧一月，松枝柴烧四十天，凡百三十日而窨水出窑。"这种砖质地细实，颗粒微小，敲之有金石之声，故名"金砖"。砖的铺墁工艺亦严格，首先进行砍磨砖，使砖墁好后表面严丝合缝，即所谓"磨砖对缝"。然后抄平地面，铺泥、弹线、试铺，最后定位，刮平，浸以生桐油。[2]按规制，中都皇城、皇陵建筑中的殿、室、廊，龙兴寺大雄宝殿、藏经楼等，均应"金砖墁地"。

上述各砖烧好后，烧造官还对砖的质量进行检验。捧起砖，敲之有声；将砖击断，截面无孔，砖色鲜艳，方准运往工地。

关于城砖烧造的地点也是一个引人注目的问题。据王剑英、刘建桥、刘思祥等人考察，在原城北乡（今属临淮镇）细瓷窑生产队、城东乡姚（窑）湾生产队、城南乡齐涧大队詹庄生产队，均发现过窑址。在皇城东七里处四湾大队小铁路基附近的独山涧旁，据当地老人说，这里方圆七八里地遍布几百个砖窑，有的窑内有未启开的大量城砖，他们曾于1981年春在这里现场挖掘出金字号窑砖。笔者也曾到城东乡四湾大队唐家湾生产队调查，农民唐玉香对笔者谈到了这个小村落的来历：明初，有姓唐的兄弟二人从外地来到这里专门烧造城砖而故名。他还说：当时从潘家湾沿濠河一直到临淮北的姚（窑）湾，有十八里共十八湾，到处都在烧城砖。目前，村四周还有不少烧砖的窑址。四湾（朱家湾、魏家湾、唐家湾、姚家湾）之所以成为"湾"，就是因为这里的土都烧成城砖，地面才凹下去变成了"湾"。

从唐玉香的谈话中可证实明初移民来凤阳有烧砖的任务。

还有一种说法：说当年城砖就在皇城周围烧制，一是减少了运输，二是城墙建好了，护城河也就形成了。

中都城砖是否全是在凤阳烧造的，有无从外地运至凤阳，人们对此说法不一。明代，营建北京城及十三陵时，便有从外地向北京运砖的记载。其运输方式主要依靠运河上漕运船的带运。《大明会典·工部·物料》："凡顺带砖料……永乐三年定，每百料船带砖二十个、沙砖三十个。天顺间令粮船每只带城砖四十个，民船照依梁头每尺六个。弘

---

[1] 严大章：《明清修建紫禁城用的临清砖》，《故宫博物院院刊》1982年第1期。
[2] 蒋博光：《"金砖"墁地》，《紫禁城》1980年第3期。

治八年题准，带砖船只除荐新、进鲜黄船外，其余一应官民、马快、粮运等船，俱照例给票，着令顺带交割，按季将收运过数目报部查勘。仍行沿河郎中等官，但遇船只逐一盘验。如有倚托势豪及奸诈之徒不行顺带者，拿送究问。回船查无砖票者，拘留送回。嘉靖三年定，粮船每只带砖九十六个，民船每尺十个；十四年粮船每只加至一百九十二个，民船每尺加至十二个……四十二年，查照旧例，粮船每只止带六十个，余砖于官民商贩船通融派带。"

下面还有二则资料，证明地名砖是在外地烧造好后，用船运至凤阳。

一则是万良田、万德强《丰城发现明代营建南京城城砖》中说：

一九八四年十月，（江西）丰城县砂石公司打捞船在赣江河床中发现两块带铭文的明代城砖。从砖铭判断，为当时营建南京城的城砖。

城砖质地分青灰色和米黄色两种，坚硬厚重。砖长 40、宽 20、厚 10 厘米。其中一青灰色砖砖侧有双行铭款清晰可见，铭曰："赣州府提调官同知朱敏司吏彭民安宁都县提调官主簿安僧司吏陈直"。另一块砖呈米黄色，残存三分之二，余下端亦有双行铭款，款曰："……潭九皋司吏×××窑匠黄合和□户□□"。砖铭文为模印，楷书。……

明代营建南京都城的城砖之所以在丰城发现，可能是当时从赣州运送城砖去南京的船只在这里遇险沉没所致。[1]

另一则是黄英豪《万载出土明代铭文砖》：

1986 年 6 月中旬，在（江西）万载县城康乐镇南门的基建工地上，清理出明代洪武十年的白瓷砖四块、青灰砖三块。白瓷砖的长、宽、厚分别有：40、19.5、11；41、20、11.5；40、20、11.5 厘米。青灰砖的长、宽、厚是 40、20、10 厘米。砖边刻着府、县地点，提调官、司吏及烧砖人、窑匠姓名。例如有两块白瓷砖上刻着：

"袁州府万载县提调官主簿韩及古司吏黎焕张烧砖人易受四人户钟荣洪武十年　　月　　日窑匠龙朝"。

"袁州府万载县提调官主簿韩及古司吏黎焕张烧砖人高　秀人户陶羲兴洪武十年　　月　　日窑匠龙朝"。

字为正楷，竖书阳文。青灰砖质地较差，风化剥落较严重。而白烧砖规格较整齐，表面平整光滑，棱角分明，字体清晰可辨，砖质坚硬如石。……

今天出土的白瓷砖、青灰砖是当年为筑南京城墙所烧制的多余品或残次品。[2]

依据上述两文，外地的地名砖是用船运至凤阳，这是毫无疑问的。从上述两县所发现的城砖尺寸，更可能是运往中都、而非运往南京的城砖。因为南京城砖的尺寸长度在

［1］《江西历史文物》1985 年第 2 期。
［2］《江西历史文物》1986 年第 2 期。

为 40 厘米占极少比例[1]。至于洪武十年发现的砖，估计是运往凤阳皇陵。

通过上述资料的发现，可以得出这样的结论，中都地名砖、均工夫砖等，是在外地烧好并经检验后，通过水路运至凤阳。从中都地名砖所发现的南京直隶、江西、湖广两行省所属 22 府 68 县来看，这些地方大多在境内有水路，如江西、湖广两地的城砖上船后，经当地水路入长江，北上运河，东折淮河，至临淮转至凤阳，水路畅通。而运河北段的会通河，在洪武朝不能通行，所以明政府没有安排中都以北的各行省府县烧砖任务，其主要原因之一是因为水路交通不便。即使在上述直隶及行省中，由于一些府县地处山区，不通水路，或路途遥远，如徽州府、南安府、德安府、襄阳府、宝庆府、辰州府等，所以也无烧砖任务。

除地名砖、均工夫砖、极少量墨书砖等外，其余砖大多是在凤阳烧造的。从五行砖占字砖总数一半来看，军队是烧砖的主力军。其次，罪犯、移民等亦是烧砖的重要成员。

中都字砖不仅具有很高的文物价值，也是研究明中都的建筑历史、明初地理沿革、军队设置、官吏名称、徭役制度、刑罚制度、姓氏、文字演变、书法等各方面的实物资料，是一份珍贵的文化遗产。

（原载《朱元璋与凤阳》第三章"中都兴废"第七节"字砖"，黄山书社，2003 年出版）

---

[1] 王少华：《南京明代城墙的建造》，《东南文化》1997 年第 3 期。

附录四
（节录自《凤阳名胜大观》字砖一节）

建筑构件　富丽豪华

孙祥宽

二　城砖量巨质优

我国古代使用砖材砌筑建筑物，据宋《营造法式》中"砖作"部分记述，有砖砌筑台基、须弥座、台阶、墙、券洞、锅台、井和铺墁地面、路面、坡道等工程。明中都建成的宫殿宫墙、门阙城台、坛庙楼阁、公署房舍、桥梁道路等需要用砖，自不待言。中都城九门城台及 2 千米长包砖墙、皇城及禁垣总长约 11 千米城墙，几乎全部用砖垒筑。初步估算，中都建筑约耗砖上亿块。

历经 600 余载，当你来到中都皇城，除了见到尚在的古城及城门墩台砖墙体，城内外的民房及猪圈、厕所也大多是用古城砖砌的。县政府驻地府城很多老建筑也是用古城砖盖的，如建国初期建的看守所、省第四监狱的监牢房及高大的院墙等。1974 年夏，城西公社拆内五龙桥取砖盖办公楼，结果桥基没扒完，一座二层九开间的办公大楼墙体建起来了，可见当年建桥用砖量巨大。中都城城砖不仅用量惊人，而且质地优良。近一二年修复午门城台，征集旧城砖 30 多万块，这些砖至今仍坚实如石块，落地有金石声。而现今生产的仿明城砖，质量远远不及中都城砖。

我国制造、使用城砖的历史，考古发现表明始于公元前四五千年。已知西周生产有空心砖和条形砖，战国时期使用空心砖砌墓室，凤阳临淮镇东南潘家庄古文化遗址即出土过空心砖。秦汉建筑已较多的用砖，并用砖墁地，铺踏步，砌造墓室。东汉时的小条砖逐渐取代空心砖，魏晋以后开始用小条砖砌筑砖塔、砖墙等。唐代普遍使用铺地砖，而宫殿、寺庙用夯土墙不用砖筑。宋《营造法式》规定，在房屋墙壁的下部砌砖，称隔减（碱），其上部仍用土坯砌筑。元代开始用砖建筑都城，而外城仅西南城角上"略用砖而已"，其余全部夯土筑成。朱元璋未建明朝前，就使用砖扩建应天府城，新建吴王新宫及其他建筑；即帝位后，大量烧造城砖，砌筑中都城池（外城因停建仅砌 4 里多包砖墙体）宫阙及附属建筑（包括四圈围墙，即子墙）。

　　我国古代砖的规格，在宋代以前不统一。考古发现，西周空心砖呈长方形，中空，长 1 米，宽 0.32 米，厚 0.21 米，壁厚 0.02 米。战国空心砖最长可达 1.5 米，一般的长 42 厘米，宽 18 厘米，厚 9 厘米，重 18 公斤。汉代小条砖尺寸为长、宽、厚的比例均是 4：2：1。北宋政府为了管理宫室、坛庙、公署、府第等建筑，颁行李诫《营建法式》。其"窑作"部分记述砖的类型有 13 种，常用的有方砖、条砖、压阑砖、砖锭、牛头砖、走趄砖、趄条砖、镇子砖等八种。方砖用于墁地，边长二尺至一尺二；条砖用于砌墙，长一尺三和一尺二两等；牛头砖一端厚，一端薄，用来砌拱券；走趄砖和趄条砖的一侧边为 1：4 的倾斜面，用于砌城壁表面。朱元璋称帝前二年"经理濠州城"，拓建应天府城，作新宫等，用砖的规格未形成制度，他称帝后大规模的营建中都，砖的规格才基本一致。

　　明中都城砖中，条砖的体积、重量超过了以往城砖，标准城砖一般长 0.4 米，宽 0.2 米，厚 0.11 米，基本按 4：2：1 的汉代制砖规制，重约 50 斤。也有少量特大或较小些的砖，特大砖的厚度达 0.13~0.14 米。方砖仅在鼓楼基座台面上发现，边长 0.48 米，用于铺地。因此，我们这里只讲条形城砖。

　　王剑英于 1973~1975 年开始对中都城砖的调查，并在《明中都》书中将城砖分为四类：由地方烧造的砖、由军队烧造的砖、字号砖、无字砖。1981 年 3~5 月，滁县地区行署文化局抽调文物干部对中都砖文又作了一次普查，并邀请王剑英及其女儿王红参加考察。当时王剑英先生《明中都遗址考察报告》里有王红同志撰写的《明中都城砖》一章，其中《明中都城砖的分类和种数》说："营建明中都所用的城砖，具体由哪些单位负责烧造，无史料记载，到目前为止，已发现：（1）地方烧造的砖。有南京（江苏、安徽）、江西省、湖广省的二十二府、六十八县以及不知地名的都、府砖和均工夫砖。（2）军队负责烧造的砖。有驻本地的留守卫、凤阳卫、怀远卫、长淮卫的砖以及少量墨书由应天卫、扬州卫等运到的砖，有百户、总旗、小旗军人名砖一百一十五种，有军人名的金木水火土五行砖八十六种。（3）字号砖。如仁、义、礼、智、信，温、良、恭、俭、让，春、

图 1　明中都已发现地名砖文分布示意图

夏、秋、冬，一、二、三、四、五、六、七、八、九、十等一百三十六种。（4）标明系罪犯所烧造的少量刑狱砖。"1981年9月，笔者从事文博工作后，在他们调查的基础上，也有一些发现。下面分别介绍城砖烧造种类、烧制过程、地点及窑址。

（一）城砖烧造种类

1. 地方烧造的砖

目前共发现署名有南京、江西省、湖广省（今湖南、湖北）的22府、71州县、2个巡检司铭文的砖，以及一些不知所属的府、都、镇、均工夫烧造的砖，总计近百种。

［南京］

淮安府：山阳县、清河县、盐城县、安东县、沭阳县、海州、赣榆县。

扬州府：江都县、仪真县、泰兴县、兴化县、通州、海门县、六合县、高邮州。

镇江府：丹徒县、丹阳县、金坛县。

安庆府：怀宁县、桐城县、潜山县、太湖县、宿松县、望江县。

宁国府：宣城县。

［江西省］

南昌府：南昌县、新建县、进贤县、奉新县、武宁县、宁县、北六。

九江府：瑞昌县。

饶州府：乐平县。

广信府：铅山县、永丰县。

建昌府：南城县、南丰县、广昌县。

抚州府：临川县、崇仁县、金溪县。

吉安府：庐陵县、泰和县、吉水县、永丰县、安福县、万安县、永新县、永宁县。

临江府：清江县、新淦县、新喻县。

袁州府：宜春县、萍乡县。

赣州府：赣县、信丰县、会昌县、安远县、瑞金县、龙南县。

［湖广省］

武昌府：江夏县金口镇巡检司、浒黄洲镇巡检司。

汉阳府：汉阳县、汉川县。

黄州府：麻城县、黄冈县。

岳州府：巴陵县。

长沙府：长沙县、浏阳县、湘乡县。

常德府：龙阳县。

衡阳府：常宁县。

中都地名砖多以府、州、县行政单位署名，但也有一些署某部、某巡检司、某镇、某县均工夫等，还有少数府县未查出在何处。

2. 军队卫所烧造的砖

这类砖主要是署名当时驻守中都的留守司及卫所烧造的砖，它们是：

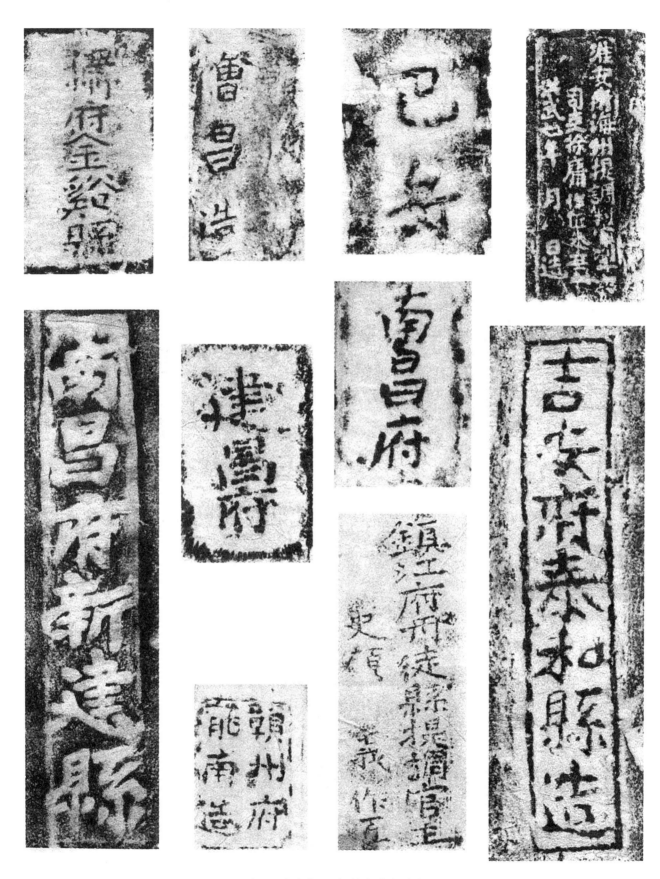

图 2　明中都已发现的地名砖文

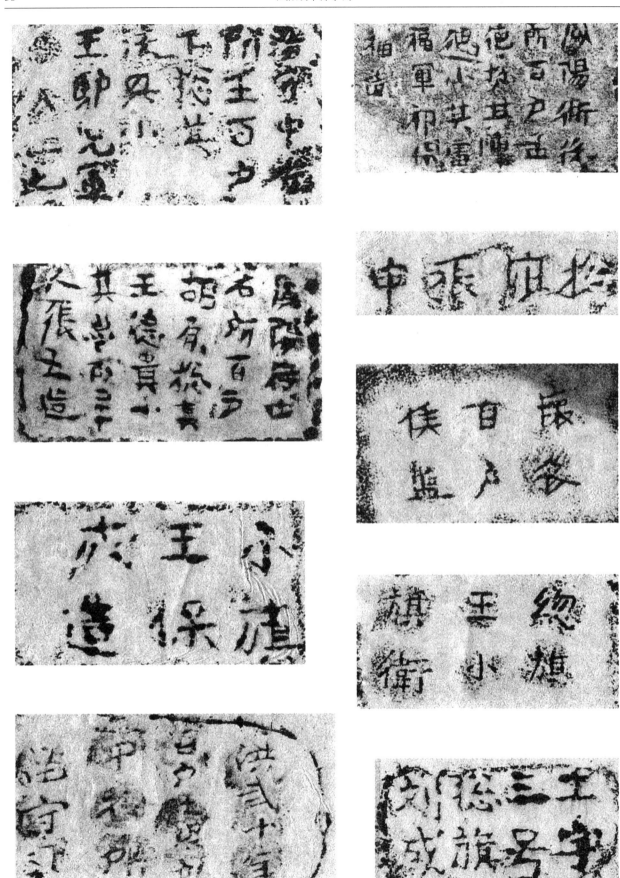

图 3　明中都已发现的卫所砖文

［留守司］留守司后所、留守司左所。

［凤阳卫］凤阳卫左所、凤阳卫右所、凤阳卫后所。

［凤阳中卫］凤阳卫中左所、凤阳卫中右所。

［留守中卫］留守司中左所、留守司中右所、留守司中后所。

［怀远卫］怀左所、怀右所、怀中所、怀前所、怀后所。

［长淮卫］长淮卫后所。

［长淮中卫］长淮卫中左所。

其他卫所未见有供砖的铭文，可能另有营建任务。卫所砖署名有详略之分，详细的署名砖文格式为：某某司（卫）某所百户某总旗某小旗某军人某，有的还加署年代；简略的署某卫某所总旗（百户）某，或某总旗（百户）造。大量的只有署总旗、小旗姓名，这部分砖共约150种。还有以金、木、水、火、土五行中某字加号，与总旗姓名（或小旗姓名，或人名）相搭配的砖文，共近百种。

3. 字号砖

此类砖数量较多，内容丰富，但未标明烧造的单位。据不全面统计已发现有200多种。按内容大致排列如下：

数字号 一、二、三、四、五、六、七、八、九、十、十一各数字后加号，如十一号。

五行字号 除五行字号加总旗姓名砖外，还有单独五行字号砖文，即金、木、水、火、土某字加一、二、三至十二号，如金字一号（至今未发现齐全）。

天干字号 甲、乙、丙、丁、戊、己、庚、辛、壬、癸各字后加号，如甲一、癸二等，也未发现齐全。

千字文字号 天、地、玄、黄、宙等字加号，有的不加字或不加号。如天字四号、玄字一号、地四号、黄、天等。

四季字号 如春字一号、夏字二号、秋字三号、冬字四号。

六艺字号 如礼字号、乐字号、书字五号、射、射二、射三等。

五常字号 即仁、义、礼、智、信字加号或不加号砖，如仁字号、仁一、仁二、义字号、礼字号、智字号、智一、信字号等。

五德字号 即五种德行温、良、恭、俭、让字加号，如温字号、良字号、恭字号、俭字号、俭字一号、俭二、让字号等。

其他有的单字号砖文中，排列不出文词，如治字号、商字号、日字号、遇字号、遇一、遇四、中一、中三、弟一、弟四、胜一、山号叁、山三号、明字二号、羽字一号、山号水叁等；有的仅一二个字，如显、全、合、早、人、正、工、元、公、福、成、伦、给、咏、亩、焦、大吉、王风、天来、钟正、民造等；也有的多达四个字，如天下太平等。其中除少数反映吉语，多数弄不清所含的意义。此外，还有一些使用符号图案的砖文。

4. 城狱砖及墨书砖

王剑英先生曾发现极个别署"城狱造"的砖文，以及两块砖上各墨书应天卫、扬州卫属所各运到砖一千块整字样，但未发现他们烧造的砖文。

图 4　明中都已发现的字号砖文

5. 无铭文城砖

从中都尚存的皇城和鼓楼基座砖墙表层调查来看，绝大多数砖上没有铭文字，20 世纪 80 年代中期及近年征集的古城砖，也是无铭文城砖数量多。因此中都城砖中，有铭文的砖只是少部分，绝大多数砖则无铭文。这些无铭文砖，应是由署地方行政单位、军卫所烧造，有的是由署字号砖或外地卫所及临时编制组织的人员烧造。

（二）城砖烧制过程

明中都用的砖俗称大城砖，因为由官方督造，用于一系列国家级工程，故又叫官砖。如此高规格巨量的城砖，是在哪里烧造，怎样烧制，又是怎样征调运来的？现依据调查到的砖文和实地勘察，并参阅有关资料，作一简略叙述。

1. 烧制地点

中都城砖烧制的地点，文献没有记载。明《凤阳新书》仅载，成化二十三年、嘉靖十四年、三十三年重修陵寝，于中都城南开设窑灶数十余口。据勘察此窑址在今凤阳县城南齐涧村南面。20 世纪 70 年代末和 80 年代初，王剑英、王红及地、县从事文物工作的同志考察，在《明中都遗址考察报告》中说："皇城东七里处独山大队小铁路基附近独山涧旁，挖出大量砖窑，比比皆是，甚至曾挖出过整窑的城砖。据当地老人讲，西庄周围方圆七八里地分布几百个砖窑。1981 年 3 月，我们两次到现场挖掘，挖出金字号砖及窑围。但没有找到烧地方砖的窑。"又说："另外，在独山东窑湾、城西公社南窑湾，老人说桥南也发现大批砖窑。"

笔者因工作需要，曾多次访问考察城砖烧制地点，凡中都城外四周适宜烧砖的地段均有窑址发现，尤其是城西南大、小牛营村一带，东面姚家湾与细瓷窑村周围，北面琉璃岗和东北姚湾附近，当地不少群众都说有连窑 72 座烧砖盖中都城。1985 年 11 月 7 日，笔者与同事唐更生到城西乡大牛营，85 岁高龄的牛纯厚说："1984 年在村前 400 米处发现古砖窑一座，挖出有南昌府字砖。"1982 年笔者前去城北乡细瓷窑村，得知村东南下场坂有座砖窑被群众取砖挖毁，出窑的砖均砌于现代房舍。砖的质地、规格、尺寸同中都城砖相同。两年后听说距原窑址附近又发现两座，其中平掉一座，挖了一座，取出的砖有不少上面还有字。1985 年 12 月 19 日上午，笔者陪舅父陈竹溪前往调查，并对五块砖文作了拓片。其中两块为"凤□□中右所百户□总其（旗）任贵小其（旗）□三军人郑黑□造"和"凤阳□□右所百□□总其任贵小其□九军人杨添□造"。其他三块砖文是在村中另处发现的，分别为"凤阳卫左所百户朱成总旗吴信小旗李仲德军□李□造"，"凤阳卫左所百户□□总其□南成小其□□□□小王大造"，"凤阳卫□所百户朱成总其吴信小其李仲德军杨上都"。

从上述砖窑中发现的砖文及前文所说的砖文来看，中都留守司等卫所所烧和刑狱砖，无疑是在凤阳当地烧制的。字号砖文和地名砖文虽在中都窑中发现，但不能肯定全部在当地烧制，因为发现有应天卫和扬州卫"运到城砖"铭文，说明中都城砖有在外地烧制后运来。地名砖虽数量不大，但有的资料说在江西丰城县、万载县发现有明初砖文，安徽繁昌县、当涂县有明代砖窑出土的砖文，与中都地名砖格式相似，所以说中都的地名砖也可能有的在外地烧制。

2. 烧制程序

城砖的制作及烧造，既有细致严格的操作规程，又有较高的生产技术。所制的砖按制坯的精粗，分糙砖、砂滚砖、停泥砖、澄浆砖、金砖五种。在制作过程中，一般经过七道工序：1，选土、亮（晾）土；2，踩泥、练泥、摔打；3，造坯、制坯、脱坯；4，亮坯、阴干；5，装窑、入窑；6，烧窑、烧制；7，洇青。选土以"粘而不散，粉而不沙者为上"，先用大筛子、小筛子各筛一遍，然后按制坯粗精程度不同操作。

糙砖用黏土加水拌和摔打，闷一夜后就可制坯装窑，因质地粗糙故名。此砖多用于混合墙和基础工程。砂滚砖是在泥和好摔打制坯后，为了防止黏土速干产生裂缝，用干砂黏附在土坯表面后入窑烧制，因此称砂滚砖。停泥砖一般规格较小，但大型砖尺寸与大城砖相同，称停泥砖，也制作停泥方砖等。停泥法制的砖质地较细，为了增加泥料黏性，要晾土练泥，用脚将泥反复踩匀，或"人逐数牛错趾，踏成稠泥"，叫练泥。然后经过冬冻夏晒，再造坯装窑。澄浆砖制法是将选料像用水过滤石灰一样滤一遍，泥浆存放池内，待其沉淀。最后从滤池中取出上部的细泥浆，经晾晒散去水分，再用脚反复踩成稠泥制坯。用此法制的砖质地细密，能做磨砖对缝的城砖墙面和方砖地面。

金砖产于苏州，每道工序更加仔细严密。因专为皇宫烧制的极细密方砖，"敲之有声，断之无细孔"，又因为砖运北京京仓，故叫京砖，后演化称金砖。

制作砖坯尤为讲究，先在砖模里铺上一层布，从练好的泥中取出适量的泥块，揉成一团摔进木框砖模里。再以"平板盖面坯，两人立足其上，研转而坚固之"，倒出的砖坯必须四角四棱，六面平正光滑，才算合格。因此团泥摔坯都由老把式操作，取出的泥块不多不少，多了不能刮，少了不能补，补了烧结不到一块。砖坯制好待阴干入窑，金砖坯需阴干一年，然后装窑烧制。

烧窑的窑为圆形，下设有灶坑，上有出烟洞口，砖坯摆放成梯形，容量视窑的大小装一千至四千块不等。烧窑用柴火，每窑需用七八万斤，烧半月，洇半月，一月仅能烧一窑。出窑的砖，逐块敲验，如挑出哑声为不合格产品。外地烧制的砖，经敲验后用黄表纸包好托运上船，解送至中都还需再次挑验，可以想见当年营建中都对砖质把关之严。

三　城砖砖文珍贵

我国最早的砖文，现仅知是战国晚期带有左、右司空印记，即中央官署制陶作坊的砖文。西汉武帝以后，砖文已从玺印式分离出来，走上独特的艺术风格，成为重要的古代铭刻资料。东汉墓中出土的陶砖刻有"九九乘法口诀"，魏晋南北朝盛行砖文，隋唐以后出现衰败趋势。明洪武初年，由于朱元璋大规模使用城砖营建中都和南京城墙，使砖文发展到最高峰。

南京城墙砖文研究，已有可喜的收获。中都砖文如前所说仅是对城砖进行划分，虽反映出一些砖文的种类和价值，但对于数量繁缛的砖文来说，尚显得不够。

笔者过去陈列展览中都城砖砖文，仅把砖文笼统地作为字砖介绍。1983 年 6 月笔者与刘思祥为在凤阳召开的"中国古建筑学会"编写资料，也把砖文作"明中都字砖介绍"
（刘思祥执笔）。现在看来囊括不了全部内容。关于中都砖文的分类，因限于篇幅，只
能做简要分析。

根据前文所述中都城砖种类的内容，初步可以分为记名、纪年、记事、字号、吉语、
符号等砖文。

记名砖文 如地名砖中"黄冈"、"拾玖都"、"会昌造"、"太湖县造"、"赣州府龙南造"、"南
昌府奉新县"、"淮安府海州赣榆县"、"新喻县均工夫造"、"金口镇巡检司造"、"扬州府六合县
提调官李文举司吏蔡□□作匠□□□"等；卫所砖中"总胡"、"怀中"、"总旗许昌"、"总旗王
小旗卫"、"小旗王保成造"、"留守中左所百户王载总旗□祥小旗小雇军人郭二造"以及"刑狱造"
等。这些制砖单位的记名，可以按地方、卫所、刑狱烧造，均工夫、匠作、军人烧造等分类。

纪年砖文 如"洪武三年造"、"洪武七年造"等，除此还有一部分组合纪年砖文，如"洪
武四年均工夫造"、"临江府新淦县洪武四年均工夫造"、"淮安府安东县造提调官县丞刘伯倾作
头方成杨遇春洪武七年二月日"、"淮安府海州提调判官刘子安司吏徐庸作匠朱真山洪武七年□
月□日造"、"丹阳县提调官主簿李伯延司吏郑良匠人何盛洪武七年□月□日造"、"留守司中右
所百户王珉所洪武十年"、"留守司□□所□户杨资总旗宋步小旗□□军人□□洪武十年□"。
以上各种砖的烧造纪年，也可按军队卫所、地方府县、均工夫烧造等分类。

记事砖文 如"应天卫后所百户□□□总旗陈信小旗□贵运到城砖一千块整洪武六年九
月七日"、"扬州卫右所百户刘青石小旗王均用胡名运到砖一千块整"等墨书砖文，应属于记事
砖文类。

字号、吉语、符号等类型砖文 主要是对字号类型城砖加以分类，如字号砖文可按城砖的
字号形式和内容分为数量一至十一数量号（三号、贰号、伍号）、五行字号（金木水火土与一
号至十二号组合）、记名五行字号（总旗沈得土字七号、火字一号总旗番成、九水号脱火赤）、
天干字号（甲~癸与数量号组合）、千字文字号（天地玄黄与数量号组合）、四季字号（春夏
秋冬与数量号组合）、六艺字号（礼、乐、射、御、书、数与数量号组合）、五常字号（仁义
礼智信与数量号组合）、五德字号（温良恭俭让与数量号组合），以及其他字号等砖文类。吉
语砖文，如"卍"、"福"、"大吉"、"王风"、"天来"等，以及一些寓有某种意义的词语砖文；
符号砖文，如砖上的记号、标记等。

尽管以上众多的分法，仍不能将丰富的中都砖文一一归类。

明中都砖文大部分位于城砖的横面的一端，或竖面砖的一侧，这样用一丁一顺（即
一横一竖）砌筑法可以显露。极少数砖文位于城砖大面一边，只有建筑拆除后才能发现。
砖文有直写，有横写，一般从右向左，从上往下，也有从左向右的。在制作技术及方法上，
集中国砖文之大成，以模印技法为主，还有刻画、书写等。文字有正字，有反字，也有
同一块砖上出现正反两种字，还有不少异体字及相当于现今的简化字。字体楷、草、隶、
篆、行俱全，模印分阴文、阳文，字深和高度一般在 0.2 厘米左右。既有模印面较大的砖文，
也有较小的戳印砖文，或一砖一印记，或附于其他砖文。刻画一类砖，就是趁砖坯未干时，
用刀或竹刀刻画上去的。有的砖文刻画得工整有力，而有的则马虎草率。书写的两块砖文，

一为黑字，一为红字。

　　1981 年 9 月，中国建筑学会历史学术委员会在凤阳召开年会及明中都遗址保护规划讨论会，该会主任委员、北京故宫博物院副院长单士元先生曾说，美国一家博物馆向全世界各大著名城市征集象征本市的物品，北京选送的是两块明永乐年间造的城砖，并用金丝绒布包好，放在精致的盒匣里。讲到这里，单老接着风趣地说："凤阳中都的城砖，比北京城砖早 50 多年，文物价值更高，举目皆是，就连农民的猪圈、厕所也都是用无价之宝的城砖砌成。从这点来说，凤阳人民应是当今世界上最富有的人民。"

　　中都城砖既然如此珍贵，那么带有铭文的砖就显得更加珍贵，具有更高的文物价值，在中国古代砖文史上占有重要的地位。这些规模浩繁的砖文群，不仅直接为中都营建过程提供了一系列的资料信息，而且为研究洪武初年地方行政区划、军队卫所设置、徭役刑罚制度、官吏匠作名姓、文字书法演变等，提供了可靠的实物证据；同时也为明初实行的包干责任制，提供了翔实的第一手资料。我们应广泛地调查、征集中都砖文，进一步研究、保护、利用好这份极其丰富的历史资料和十分珍贵的文化遗产。

　　（原载《凤阳名胜大观》第二章"豪华宏伟中都城"第五节"建筑构件　富丽豪华"，黄山书社，2005 年出版）

附录五

关于明代南京城墙砖文的几个问题

杨国庆　　夏维中

　　明代南京城墙砖文，是我国现存的一组规模最大的砖文群，在中国古代砖文史上占有重要的一席之地。但长期以来，学术界对此缺乏系统、深入的研究。既有的研究成果，大多局限于对砖文所反映的产地之收集和整理这一层面上，而对砖文所反映的其他方面的历史内涵和价值，则重视不足。近年来，这种局面虽有所改观[1]，但许多问题仍有待于进一步探讨。

　　鉴此，我们拟在长期调查、收集的基础上，对明南京城墙砖文的基本情形、历史价值等方面作一初步的论述，并就在城砖收集和城墙修复中如何更好地保护、利用明南京城墙砖文这一问题，提出一些粗浅的看法。不适之处，敬请指正。

一　南京城墙砖文的种类

　　过去对砖文的分类，主要依据其产地。对南京城墙砖文的收集、整理，大约始于20世纪50年代。从当时的情形来看，其主要目的是为了用来统计南京城墙砖的产地，具体的数据有两个，即"28个府、118个县，工部及三卫、三镇制作"[2]和"125州县"[3]。此后，这些统计数字不断被改写，先后出现了包括府县以及工部、军队卫所等造砖单位在内的142个[4]、"33府行省、12州150县和7镇"[5]等说法；最新出版的《明南京城墙砖文图释》则提出"有32府、148州县、4镇，另外还有行省造砖、系统造砖的，共计190个不同的署名单位"这一观点[6]。依据这些统计数字，加上近年来新发现的一

［1］王剑英在其《明中都》（中华书局，1991年）中，曾较早地提及明中都的城砖铭文。王克昌等编著的《明南京城墙砖文图释》（南京出版社，1999年）则首次以拓片形式公布了一批城砖铭文。其他较多涉及南京明城砖铭文研究的论文则有：季士家：《明清史事论集》，南京出版社，1993年；王少华：《南京明代城墙的建造》，《东南文化》1997年第3期；南京市明城垣史博物馆：《安徽繁昌明城砖窑址调查报告》，《东南文化》1999年第5期；杨国庆：《明代南京城墙建造年代考略》，《东南文化》2000年第9期。

［2］季士家、韩品铮主编：《金陵胜迹大全》，第95页，南京出版社，1993年。

［3］王少华：《南京明代城墙的建造》，《东南文化》1997年第3期。

［4］季士家：《明清史事论集》，第24~33页，南京出版社，1993年。

［5］王少华：《南京明代城墙的建造》，《东南文化》1997年第3期。

［6］王克昌等编著：《明南京城墙砖文图释》，第177页，南京出版社，1999年。

些砖文（如明代滁州全椒县烧造等），造砖单位已经达到 200 个以上。当然，随着新的砖文的发现，这一数字还会增加。

这种分类法，在城砖产地层面上对南京城墙砖文给予了一定的揭示，其意义和价值是不言而喻的。但对于南京城墙如此浩繁的砖文来说，这还显得不够。因此，南京城墙砖文的分类，应根据砖文的实际情况而重新考虑[1]（限于本文篇幅，本文对明洪武朝之外的砖文，一般不展开全面论述）。

如果从明南京城墙砖文的内容上看，很大部分属于记名砖文类。这类砖文中数量最多的是位于长江流域中下游境内的一些府、州、县烧造砖。其中最常见的形式，砖文分别位于城砖两个侧面以及在同一个侧面。

（一）砖文分别位于城砖两个侧面的格式：

如"安庆府提调官通判王士廉司吏邓由己望江县提调官主簿汪沂司吏陈智"，其另一面为"总甲胡溥甲首丁秀三小甲王宗四窑匠吴真七造砖人夫唐成二"[2]。这类砖文的格式为："□□府提调官府丞（或主簿、同知、照磨、通判等一类官职）□□□司吏（或府吏一类官职）□□□　□□县提调官知县（或县丞、主簿、照磨等一类官职）□□□司吏（或典吏等）"，其背面的格式为："总甲□□□　甲首□□□　小甲□□□　窑匠□□□　造砖人夫□□□"。

（二）砖文位于城砖一侧的格式：

如"南康府提调官通判赵斌司吏游清都昌县提调官主簿房秉正司吏张伯行总甲叶勤甲首魏　小甲马良窑匠余名造砖人夫汪均受"[3]。这类砖文格式为："□□府提调官通判（或相当一类的官职）□□□　司吏□□□　□□县提调官主簿（或相当一类的官职）□□□　司吏□□□　总甲□□□　甲首□□□　小甲□□□　窑匠□□□　造砖人夫□□□"。也有不同于上述的砖文。总体来看，砖文集中于单侧的要比分置于两侧的砖文，显得稍许复杂一些。

从上述的例子中，我们不难看出，造砖单位的记名，不仅有按府、县一级分类的，而且也有按总甲、甲首、小甲一级来分类的，更有按地方、政府（如工部等）、军队、刑部犯人烧造、富户烧造等分类的。然而，南京城墙砖文的格式绝不仅仅如此，有的砖文位于砖的顶端，字数相应较少，如"建昌府"；还有不少其他格式的府县烧造砖文，如"吉安府泰和县造"[4]等。这类砖文大多属于早期烧造砖，也属于记名性质的分类。

南京城墙砖文中的纪年砖，屡有发现。属于明洪武年间的纪年砖文，大致有"洪武元年"、"洪武四年"、"洪武六年"、"洪武七年"、"洪武八年"、"洪武十年"等；

---

[1] 王镛、李森曾把砖文的内容和形式分成记名、标记、吉语、纪年、记事、墓志、地券、随笔等 8 类，同时又把砖文的制作过程分成模印、刻画、书写等 3 类。参考《中国砖文》（知识出版社，1992 年）第 2~7 页。这种分类法是依据中国古代砖文的整体情形而总结出来的，与南京明代城砖铭文的实际情况稍有出入，因此无法完全沿用。

[2] 王克昌等编著：《明南京城墙砖文图释》，第 35 页，南京出版社，1999 年。

[3] 南京市明城垣史博物馆馆藏资料。

[4] 已收集到的砖文资料。这类砖文有一定数量，虽未署名，仅仅记载了府县，但也属于记名砖一类，有一定的代表性。

永乐中后期以降，则由工部统一烧造用于对南京城墙修缮[1]的"正前丁酉□□造"、"丙午年黑前"等纪年砖文。

除此以外，还有吉语、符号、字号等类型的砖文。如反映吉语的砖文："吉"、"万"、"福"等；使用符号的砖文："⊕"、"⊙"、"Φ"等；字号砖文在这类砖文中有一定的数量："五"、"六"、"九"、"十"、"十三"、"二十"、"九十"等。

从制作技术以及方法上，明南京城墙砖文主要有模印、刻画、书写三种，几乎包容了中国砖文制作技术之大成[2]。如模印，既有模印较小的秦代风格砖文，即戳印砖文[3]，也有大量印面几乎与砖面大小完全相同的砖文。而刻画一类砖文，有的相当精致，如我们收集到的"总甲刘□才甲首孙□□□小甲□□窑匠尤□一造砖人夫□九四"，就是在砖坯未干时用利器刻画的双线砖文；而有的砖文刻画的比较粗糙、随意。书写一类砖文，是南京城墙砖文技法中最少的一类，主要用于城砖送来南京后的再次收发，如"留守中卫常州府无锡县□长江□壹千伍佰□"，是在一块瓷土砖上，用墨书写的[4]。总的说来，南京城墙砖文制作的技法，以模印技法为主，无论是数量、还是规范程度上，都占主导的地位。

二 砖文与南京城墙建造的关系

学术界对明初南京城的建造过程，历来存有争议。在文献史料不足的情况下，充分利用南京城墙砖文提供的资料信息，则不失是一种有益的尝试。

自20世纪50年代以来，先后发现多处"墙中墙"，如1958年南京市城建局编制的《南京城墙现估表》中，就有在"小东门—金川门"段城墙内发现"以小城砖砌有矮墙"的记载[5]；1998年，南京市文物局对南京城墙东面"前湖"段坍塌豁口前期抢救性清理中，也发现了"隐藏"在大墙中的小墙；我们在"月牙湖"南侧城墙外，同样发现了用块石垒砌的"墙中墙"[6]。在对不同地段的"墙中墙"进行初步分析后，我们感到这些地段所谓的"墙中墙"，即为1366年之前朱元璋早期建造的"新城"城墙。我们除了发现墙中的小墙用材不同外[7]，还在前湖段"墙中墙"距地面1米左右墙体上，发现了"临江府新淦县洪武四年均工夫造"的纪年砖。根据这块砖文提供的信息，结合相关文献资料洪武四年十月"修筑京师城垣……"的记载[8]，我们初步推断前湖段的"墙中墙"是洪武四年（1371年）至洪武八年（1375年）之间对该段城墙进行改筑修缮的遗存[9]。

［1］杨国庆：《明代南京城墙建造年代考略》，《东南文化》2000年第9期。

［2］王镛、李淼：《中国砖文》，第6页，知识出版社，1992年。

［3］南京市明城垣史博物馆馆藏资料，如湖北"荆州府石首县"砖文的一方砖文，还有数量不少的造砖人夫姓名的砖文。

［4］南京市明城垣史博物馆馆藏资料。

［5］《南京文物志》，第51页，方志出版社，1997年。

［6］杨国庆：《明代南京城墙建造年代考略》，《东南文化》2000年第9期，见附照一、二、三。

［7］下关附近"墙中墙"用砖，规格明显小于明城砖；前湖段"墙中墙"用砖，基本与明城砖一致；月牙湖向南外侧"墙中墙"却用石块垒砌。

［8］《明太祖实录》卷六八。

［9］杨国庆：《明代南京城墙建造年代考略》，《东南文化》2000年第9期。

对于一些含有明南京城墙城门名的砖文，目前收集的还很不完整，如"石城四号"、"神东"、"神西"、"洪武门三"、"金川门"[1]等。这些含有城门名意味的砖文，据我们初步分析，可能在明南京城墙建造城门时，分别专门烧制的。

在对南京城墙砖文的实地调查过程中，我们还发现了一些值得关注的现象。如在洪武十九年"新筑后湖城"[2]的墙体与今解放门接合部（即今南京市明城垣史博物馆大门前墙体）约50米目视距离的原始墙体上，我们根据砖文发现有22个不同县烧造的城砖[3]。这种不同府县烧造的城砖，如此密集于这段城墙，应该说不会是一种偶然的现象；在对中山门至太平门段城墙实地调查中，我们还通过砖文、城砖质地发现一段墙体拐弯处是两段墙体的接合部。因为在拐弯处向前湖的一侧，墙体内的城砖为袁州府洪武十年烧造的，墙体外侧为饶州府洪武十年和南昌府丰城县烧造的；而在拐向琵琶湖的一侧，墙体上的砖文则显示这些城砖是应天府江宁县、上元县、溧阳县、溧水县等在洪武六年至洪武七年烧造的。通过砖文来确定城墙的接合部，对我们今天了解当年南京城墙的建造是非常有益的。

在南京城墙砖文中，我们还发现当年朱元璋建造南京城其他一些建筑专门烧造的城砖，如用于明孝陵建造而烧制的"陵工"、"黑左陵"；建造南京粮仓而烧造的"仓蒋"、"仓周"、"修仓陶"、"修仓王"等。这些城砖，很可能是被挪用于南京城墙后来的修葺。这类砖文的发现，为我们了解当年南京城的维修，提供了珍贵的实物资料。

关于砖窑，过去发现的很少。因此，曾有专家对南京城墙城砖是否在产地直接烧造表示过怀疑，并推测可能是城砖产地的民夫携带粮草赴京烧造的[4]。但是，根据城砖质地以及在安徽繁昌调查的一座明初砖窑遗址来看，这种怀疑根据不足。

1998年底至1999年初，南京市明城垣史博物馆在获悉安徽省繁昌县有明代采石场及烧制城砖遗址的线索后，先后两次组队前往繁昌实地调查。在繁昌县博物馆的支持和参与下，先后调查了新港、新淮两地烧制明城砖古窑址近30座，对其中一座仍保留当年原始状态的窑口进行了初步勘测。"通过对明代砖窑窑址出土的残砖铭文与我馆馆藏标本砖铭文的相互印证，首先认定安徽省繁昌县新港镇和新淮乡两地遗存的城砖砖窑遗址，就是明洪武年间为建造南京城墙而烧制城墙砖的砖窑。"[5]这两次的实地调查，为我们认识明初烧制南京城墙城砖民窑选址的特点、砖窑的结构与形状、每窑出砖量多寡以及群体组合等方面，提供了极为重要而可靠的实物资料，填补了明南京城墙关于城砖烧制方面的空白。

［1］王少华：《南京明代城墙的建造》，《东南文化》1997年第3期；南京市明城垣史博物馆馆藏资料；我们已收集的资料。

［2］《明太祖实录》卷一七九。

［3］这22个县分别是：新建县、高安县、如皋县、丹徒县、铜陵县、贵池县、临川县、太湖县、玉山县、上元县、崇仁县、当涂县、南昌县、奉新县、宁都县、彭泽县、蕲州县、广济县、湘阴县、永新县、庐陵县、永丰县等。

［4］如周凤、周盛槐在《南京城墙上的南通砖》一文中提出："有没有由本地出银两交外地加工烧制，后交差事的可能性？"，《南通古今》1999年第2期。

［5］南京市明城垣史博物馆：《安徽繁昌明城砖窑址调查报告》，《东南文化》1999年第5期。

三　砖文所反映的明初农村基层组织

南京城的建设，与明初农村基层组织的酝酿、确立过程大致相当。因此，砖文也为我们提供了一些明初农村基层组织方面的信息。

洪武十四年（1381年）在全国推行的里甲制度，基本上确立了农村基层组织的基本模式。但是，对于这一带有浓烈江南地域背景的重要制度之历史渊源，以及在明初的具体酝酿过程，我们并不是十分了解。到目前为止，洪武三年（1370年）湖州府小黄册之制，大概是我们唯一能在文献中找到的相关史料。因此，像南京砖文这类的实物就显得相当重要了。

应该说，就目前掌握的砖文而言，我们并不能在上述的问题上有根本性的突破，因为我们至今仍无法确定现存数量最多的一类砖文即"总甲□□□　甲首□□□　小甲□□□　窑匠□□□　造砖人夫□□□"这种格式实施的准确年代以及与里甲制度的具体关系[1]。而这些却又是至关重要的。不过，即便如此，南京砖文仍为我们提供了重要的实物证据。

在洪武十四年编制里甲时，乡以下的"都"这一地域区划已成为重要的依据。许多学者在研究里甲制度时，往往对此不解。其实，"都"作为南方地区乡级以下的地域区划，早在南宋、元时就已形成，并在赋役编发中起着重要的作用。这种做法也必然要被明初所继承。不过，由于有关文献记载之不足，过去我们对洪武十四年以前"都"的现实作用并不十分了解，往往偏重于推测。而相关砖文的发现，则为我们提供了实物证据。在现存的砖文中，我们不仅发现了像"廿七都"、"南昌府宁县二十三都"、"宁县五都清号"、"□八都洪武四年均工夫"之类的简单记载，而且还发现了像"南康府提调官通判赵斌司吏游清都昌县提调官主簿房秉正司吏张伯行九都人户孙□□"这样内容详细的砖文。这些砖文清楚地表明，"都"在明初既是重要的行政区划，又是徭役征发的基本单位。

洪武十四年在全国推行的里甲制度，绝非空穴来风，而是宋元以来南方地区农村基层组织长期演变的结果。但是，我们至今仍无法十分清楚地了解洪武十四年以前该组织的酝酿过程。不过，南京砖文似乎给我们带来了一些希望。为了叙述方便，兹以江西烧造的城砖铭文为例。在洪武初年的砖文中，我们发现江西也像其他一些地区一样，施行以计亩出役为原则的"均工夫"，如"临江府新喻县洪武四年均工夫造"等等，到洪武七年（1374年）前后，则发生了变化，这在砖文上也有明确反映，如"临江府新喻县提

---

[1]纪年砖是最有价值的砖文之一。其确切的烧造年份使我们的考察有了准确的年代依据。目前我们发现的年份最晚的纪年砖，是洪武十年（1377年）袁州府烧造的。其砖文为"袁州府宜春县提调官主簿冯□司吏陈□□，烧砖人夫诸□□□人户汤俊可，洪武十年□月"。这一砖文至少能让我们推定，在洪武十年以前上述的"总甲（首）甲首小甲"格式仍未施行。从另外一些砖文的内容来看，我们仍倾向于"总甲（首）甲首小甲"格式是在里甲推行之后实施的。兹举几例：1."总甲周伯峰甲首周伯常小甲伏山寺窑匠关"；2."总甲俞应寿甲首龙洋寺小甲俞达夫窑匠朱洪七造砖人夫俞达夫"。寺庙必须一体当差，大概是洪武十四年里甲实施后的事（参见栾成显：《明代黄册研究》，第32页，中国社科出版社，1998年）。如果这一推断成立，那么我们就应充分重视这样一个问题，即在里甲制度下朝廷是如何组织这样大规模的徭役的？而明初文献中有关这方面的记载很少。我们甚至可依此来进一步确定明初南京城墙修筑的具体年代。当然，我们也发现了一些不利于上述推断的证据，如"总甲彭志道甲首周云睡小甲姚廷睡六十八都人夫王以文造砖窑匠黄顺七"这一砖文，即属此例。不过，如果我们能确定"总甲（首）甲首小甲"格式是在洪武十四年前施行的，那么意义就更大，因为这证明在洪武十四年之前，里甲制度就广泛存在了。

调官知县□□典吏□□洪武七年城砖司吏制四十一都人匠张秀"等等。我们甚至还发现了记有"里长"字样的洪武七年纪年砖，如"袁州府临江县提调官韩及古司吏黎焕张里长徐士行烧砖人杨□五人户李伯显洪武七年□月□日窑匠许伏"。除此之外，我们还发现了明确记载提调官、司吏、匠人以及"□□都里长□□□"字样的分宜城砖。这种式样的城砖，年代应早于该县大量烧造的"总甲（首）甲首小甲"格式类城砖。这些砖文对我们了解里甲制度的酝酿过程有非常重要的价值。

四　砖文提供的其他方面信息

南京城墙砖文的价值，还体现在其他许多方面，兹举一例。

利用南京城墙砖文，弥补史料记载的疏漏遗缺，是南京城墙砖文的重要价值之一。如《明史》中记载："洪武间，定南北更调之制，南人官北，北人官南。其后官制渐定，自学官外，不得官本省，亦不限南北也。"[1]对此，吴智和先生认为："如此以外地人来履新，人地生疏，在语言上就得大费周章，何况摆在眼前还有待理的万般诸事，身疆（强——笔者注）体健的年轻县令，多不能堪，至于年老气衰的高龄县令，那就更不在话下了"。[2]那么实际如何呢？我们通过南京城墙砖文以及文献资料，找到了一个很好的例证，那就是安徽繁昌县的"刘权"。南京市明城垣史博物馆在去年赴安徽繁昌调查砖窑遗址时，发现砖窑遗址中砖文的残砖："……照磨钱仁司吏施祥……提调官主簿刘权司吏何泽"[3]。根据现存有关砖文，可知残砖砖文应为"太平府提调官照磨钱仁　司吏施祥　繁昌县提调官主簿刘权　司吏何泽"。而砖文中记载的这位刘权及其父亲，就是二位典型的北人南官。据道光《繁昌县志》载，刘权的父亲刘赓原任宛平县主簿，洪武初年受命"制砖窑于繁邑……赓亡，复命子权袭其职……"，刘氏父子在繁昌主持城砖烧制的数年中，恪尽职守，体恤民情，受到当地民众的爱戴，"父子继美，曲体民情，地脉坟茔，必加保护。工既竣，即以陈冲等处田土赐权及子孙"。在新港明代砖窑遗址布局上，仍可看出当年刘氏父子的独到匠心——既便利于城砖的运输，又不破坏当地的"地脉坟茔"。到了明弘治八年（1495年），朝廷"停止烧造官员"[4]后，繁昌县百姓请求刘氏后人留在繁昌，"合邑高其义请刘隶籍于繁"[5]。通过这一例证，我们大概会对前引吴智和先生的观点产生一些不同的看法。

另外，南京砖文还反映了大量底层百姓的基本信息，限于篇幅，仅举一例。有人曾发现过一块反映当年建造者疾苦的砖文："似从工作到如今，日日挑柴吃苦辛。一日秤来要五百，两朝定是共千斤。山高路远难行步，水深堤滑阻工程。传语诸公除减少，莫教思苦众军人。"[6]这类砖文，由于其内容的特殊性，因此就显得相当珍贵。

［1］《明史》卷七十一，志第四十七，选举三，总第1716页。

［2］吴智和：《明代的县令》，吴智和主编《明史研究专刊》第七期。

［3］南京市明城垣史博物馆馆藏资料。

［4］《大明会典》卷一百九十工部十，江苏广陵古籍刻印社，1989年。

［5］繁昌县地方志编撰委员会：《繁昌县志》，第80页，南京大学出版社，1993年。

［6］王铺、李森：《中国砖文》，第14页，知识出版社，1992年。

五　结语

上面就明初南京城墙砖文的种类、内涵及价值等作了叙述。应该说，这种认识仍是粗浅的，有待于进一步的提高。不过，就目前情形而言，更为迫切的问题是如何在城墙修复过程中更好地重视和保护城墙砖文。

有计划地征集各种城砖标本，是目前保护砖文的最有效手段之一。我们在广泛征集散砖的同时，也应有的放失地收集各种城砖标本。而征集的标准，不仅要考虑到城砖的产地，而且更要充分考虑到其他方面。由于砖文的铭刻特点，散砖一旦重新上墙后，其砖文的完整拓制就相当困难。另外，我们在城墙修复中，也应重视对砖文的保护。过去的有些做法，现在必须重新考虑。如为了保证城墙修复后的牢固性，过去往往用水泥做黏合剂，从而造成对砖文永久性的损坏。现在看来，用砂浆等做黏合剂应该说更为合理。又如以往出于美观的考虑，往往把砖文显露于外，其后果是风化严重，不利于砖文保护。这种做法也值得商榷。诸如此类，不一而足。不过，令人欣慰的是，随着对砖文价值认识的进一步提高，有关部门已经开始在砖文保护方面进行许多有益的尝试。

（原载《中国古城墙保护研究》，文物出版社，2001 年出版）

1. 鼓楼全景（东—西）

2. 鼓楼台基局部（东—西）

彩版一 明代中都城鼓楼建筑

1.西城墙局部（北—南）

2.西南角城墙远景（西南—东北）

2.南城墙西段局部（西南—东北）

彩版二　明代中都城城墙局部

1. FZB：250，"南昌府"

2. FZB：416，"南昌府"

彩版三 南昌府字砖

1. FZB：284，"南昌府"

2. FZB：294，"南昌府"

3. FZB：404，"南昌府"

彩版四　南昌府字砖

1. FZB：114，"南昌府进贤县地□字号"

2. FZB：192，"南昌府进贤县"

彩版五　南昌府进贤县字砖

1. FZB：208，"南昌府进贤县"

2. FZB：243，"南昌府进贤县"

彩版六　南昌府进贤县字砖

1. FZB：283，"南昌府进贤县"

2. FZB：291，"南昌府进圆圆"

彩版七　南昌府进贤县字砖

1. FZB：299，"南昌府进贤县"

2. FZB：408，"南昌府进贤县"

彩版八　南昌府进贤县字砖

1. FZB：409，"南昌府进贤县"

2. FZB：420，"南昌府进贤县"

彩版九　南昌府进贤县字砖

1. FZB：425，"南昌府进贤县"

2. FZB：426，"南昌府进贤县"

彩版一〇　南昌府进贤县字砖

1. FZB：186，"南昌府南昌县"

2. FZB：188，"南昌府南昌县"

彩版一一　南昌府南昌县字砖

1. FZB：189，"南昌府南昌县"

2. FZB：194，"南昌府南昌县"

彩版一二　南昌府南昌县字砖

1. FZB：199，"南昌府南昌县"

2. FZB：206，"南昌府南昌囻"

彩版一三　南昌府南昌县字砖

1. FZB：209，"南昌府南昌县"

2. FZB：228，"南昌府南昌县造"

彩版一四　南昌府南昌县字砖

1. FZB：231，"南昌府南昌县造"

2. FZB：232，"南昌府南昌县造"

彩版一五　南昌府南昌县字砖

1. FZB：241，"南昌府南昌县"

2. FZB：248，"南昌府南昌县"

彩版一六　南昌府南昌县字砖

1. FZB：262，"南昌府南昌县"

1. FZB：266，"南昌府南昌县"

彩版一七　南昌府南昌县字砖

1. FZB：286，"南昌府南昌县"

1. FZB：302，"南昌府南昌县造"

彩版一八　南昌府南昌县字砖

1. FZB：396，"南昌府南昌县"

2. FZB：400，"南昌府南昌县"

彩版一九　南昌府南昌县字砖

1. FZB：407，"南昌府南昌县"

2. FZB：411，"南昌府南昌县"

彩版二〇　南昌府南昌县字砖

1. FZB：415，"南昌府南昌县"

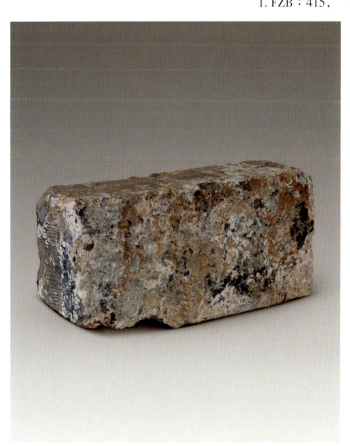

2. FZB：422，"南昌府南昌［县］"

彩版二一　南昌府南昌县字砖

1. FZB：429，"南昌府南昌县"

2. FZB：441，"南昌府南昌县"

彩版二二　南昌府南昌县字砖

1. FZB：227，"南昌府靖安县"

2. FZB：190，"南昌府新建县 上"

彩版二三　南昌府靖安县、新建县字砖

1. FZB：197，"南昌府新建县"

2. FZB：255，"南昌府新建县□□圕"

彩版二四　南昌府新建县字砖

1. FZB：202，"南昌府奉新县"

2. FZB：289，"南昌府奉新县"

3. FZB：301，"南昌府奉新县"

彩版二五　南昌府奉新县字砖

1. FZB：230-1，"吉安府造"

2. FZB：265，"吉安府造"

彩版二六　吉安府字砖

1. FZB：191，"吉安府吉水县成造"

2. FZB：201，"吉水县"

3. FZB：292，"吉安府吉水县成造"

彩版二七　吉安府吉水县字砖

1. FZB：251，"吉安府吉水县造"

2. FZB：427，"吉水县诚造"

彩版二八　吉安府吉水县字砖

1. FZB：193， "吉安府泰和县"

2. FZB：196， "吉安府泰和县"

彩版二九　吉安府泰和县字砖

1. FZB：237，"吉安府泰和县"

2. FZB：242，"吉安府泰和县造"

彩版三〇　吉安府泰和县字砖

1. FZB：244，"吉安府泰和县造"

2. FZB：399，"吉安府泰和县"

彩版三一　吉安府泰和县字砖

1. FZB：141， "吉安府庐陵县"

2. FZB：252， "吉安府庐陵县"

彩版三二　吉安府庐陵县字砖

1. FZB：293，"吉安府庐陵县"

2. FZB：296，"吉安府庐陵县"

彩版三三　吉安府庐陵县字砖

1. FZB：423，"吉安府庐陵县"

2. FZB：459，"吉安府庐陵县砖"

彩版三四　吉安府庐陵县字砖

1. FZB：235，"吉安府万安县"

2. FZB：245，"吉安府万安县砖"

彩版三五　吉安府万安县字砖

1. FZB : 246，"吉安府万安县砖"

2. FZB : 410，"吉安府万安县"

彩版三六　吉安府万安县字砖

1. FZB：298，"［广］信府永丰县"

2. FZB：417，"饶州府砖"

彩版三七　广信府永丰县、饶州府字砖

1. FZB：203，"袁州府萍乡县造"

2. FZB：300， "袁州府萍乡县造"

彩版三八　袁州府萍乡县字砖

1. FZB：225，"袁州府宜春县造"、"十九□"

2. FZB：226，"袁州府宜春县造"

彩版三九　袁州府宜春县字砖

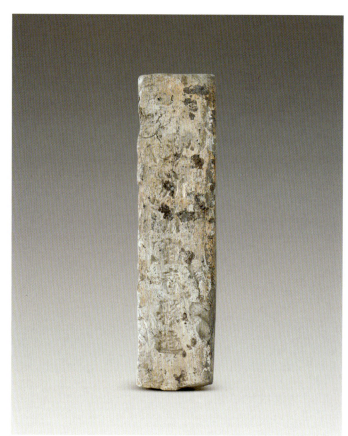

1. FZB：229，"袁州府宜春县造"

2. FZB：258，"袁州府宜春县造"

彩版四〇　袁州府宜春县字砖

1. FZB：259，"袁州府宜春县造"

2. FZB：260，"袁州府宜春县"

彩版四一　袁州府宜春县字砖

1. FZB：285，"袁州府宜春县造"

2. FZB：288，"袁州府宜春县造"

彩版四二　袁州府宜春县字砖

1. FZB：295，"袁州府宜春县"

2. FZB：421，"袁州府分宜县造"

彩版四三　袁州府宜春县、分宜县字砖

1. FZB：198，"赣州府"

2. FZB：213，"赣州府"

彩版四四　赣州府字砖

1. FZB：215，"赣州府"

2. FZB：236，"赣州府"

彩版四五　赣州府字砖

1. FZB：239， "赣州府"

2. FZB：240， "赣州府"

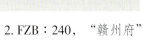

彩版四六　赣州府字砖

1. FZB：247，"赣州府"

2. FZB：249，"赣州府"

彩版四七　赣州府字砖

1. FZB：406，"赣府瑞"

2. FZB：214，"赣州府宜都县造"

彩版四八　赣府瑞、宜都县字砖

1. FZB：224，"赣州府赣县造"

2. FZB：234，"赣州府赣县"

彩版四九　赣州府赣县字砖

1. FZB：257，"赣州府安远县提调官主簿司吏唐宗德作匠郁"

2. FZB：419，"赣州府龙南造"

彩版五〇 赣州府安远县、龙南县字砖

1. FZB：431，"会昌县"

2. FZB：463，"赣州府会昌囯"

彩版五一　赣州府会昌县字砖

1. FZB：185，"抚州府临川县造"

2. FZB：195，"抚州府临川提调官县丞吴造"

彩版五二 抚州府临川县字砖

1. FZB：204，"抚州府临川县"

2. FZB：217，"抚州府临川县"

彩版五三　抚州府临川县字砖

1. FZB：218，"抚州府临川县□造"

2. FZB：256，"抚州府临川县"

彩版五四　抚州府临川县字砖

1. FZB：263，"抚州府临川县"

2. FZB：264，"抚州府临川县造□"

彩版五五　抚州府临川县字砖

1. FZB：290，"抚州府临川县"

2. FZB：397，"抚州府临川县造"

彩版五六　抚州府临川县字砖

1. FZB：205，"临江府新喻县九都"

2. FZB：238，"临江府新喻县十一都均工夫造"

彩版五七　临江府新喻县字砖

1. FZB：253，"临江府新喻县武明□□□□"

2. FZB：460，"临江府新喻县洪武四年均工夫造"

彩版五八　临江府新喻县字砖

1. FZB：177，"临江府新淦县洪武四年均工夫造"

2. FZB：413，"临江府新淦县"

彩版五九　临江府新淦县字砖

1. FZB：207，"临江府清江县造"

2. FZB：424，"清江县造"

彩版六〇　临江府清江县字砖

1. FZB：220， "广昌县"

2. FZB：210， "建昌府南丰县"

3. FZB：211， "建昌府南丰县"

彩版六一　建昌府广昌县、南丰县字砖

1. FZB：216， "圍昌府南丰县"

2. FZB：254， "建昌府南丰县"

彩版六二　建昌府南丰县字砖

1. FZB：287，"建昌府南丰县"

2. FZB：402，"建昌府南丰县"

彩版六三　建昌府南丰县字砖

1. FZB：61， "淮安府海州提调判官刘子实司吏徐庸作匠朱惠山洪武七年　月　日造"

2. FZB：63， "淮安府海州提调判官刘子实司吏徐庸作匠朱惠山洪武七年　月　日造"

彩版六四　淮安府海州纪年字砖

1. FZB：68，"淮安府海州提调判官刘子实司吏徐庸作匠朱惠山洪武七年　月　日造"

2. FZB：69，"淮安府海州提调判官刘子实司吏徐庸作匠朱惠山洪武七年　月　日造"

彩版六五　淮安府海州纪年字砖

1. FZB：71，"淮安府海州提调判官刘子实司吏徐庸作匠朱惠山洪武七年　月　日造"

2. FZB：82，"淮安府海州提调判官刘子实司吏徐庸作匠朱惠山洪武七年　月　日造"

彩版六六　淮安府海州纪年字砖

1. FZB：148，"淮安府海州提判官刘子实司吏徐庸作匠朱惠山洪武七年　月　日造"

2. FZB：150，"淮安府海州提调判官刘子实［司吏徐庸］作匠朱惠山洪武七年　月　日造"

彩版六七　淮安府海州纪年字砖

1. FZB：152，"淮安府海州提调判官刘子实司吏徐庸作匠朱惠山洪武七年　月　日造"

2. FZB：153，"淮安府海州提调判官刘子实司吏徐庸［作匠朱惠］山洪武七年［　月　日造］"

彩版六八　淮安府海州纪年字砖

1. FZB：154，“淮安府海州提调判官刘子实司吏徐庸作匠朱惠山洪武七年　月　日造”

2. FZB：155，“淮安府海州提调判官刘子实司吏徐庸作匠朱惠山洪武七年　围　日造”

彩版六九　淮安府海州纪年字砖

1. FZB：156，"淮安府海州提调判官刘子实司吏徐庸作匠朱惠山洪武七年　月　日造"

2. FZB：157，"淮安府海州提调判官刘子实司吏徐庸作匠朱惠山囻囻囲囲　月　日造"

彩版七〇　淮安府海州纪年字砖

1. FZB：158，"淮安府海州提调判官刘子实司吏徐庸作匠朱惠山洪武七年　月　日造"

2. FZB：159，"淮安府海州提调判官刘子实司吏徐庸作匠朱惠山洪武七年　月　日造"

彩版七一　淮安府海州纪年字砖

1. FZB：160，"淮安府海州提调判官刘子实司吏徐庸作匠朱惠山洪武七年　月　日圈"

2. FZB：161，"淮安府海州提调判官刘子实司吏徐庸作匠朱惠山洪武七年　月　日造"

彩版七二　淮安府海州纪年字砖

1. FZB：162，"淮安府海州提调判官刘子实司吏徐庸作匠朱惠山洪武七年　月　日造"

2. FZB：163，"淮安府海州提调判官刘子实司吏徐庸作匠朱惠山洪武七年　月　日造"

彩版七三　淮安府海州纪年字砖

1. FZB：164， "淮安府海州提调判官刘子实司吏徐庸作匠朱惠山洪武七年 囝 回造"

2. FZB：380， "囷安府海州提调判官刘子实司吏徐庸作匠朱惠山洪武七年 月 日造"

彩版七四 淮安府海州纪年字砖

1. FZB：381，"囲安府海州提调判官刘子实司吏徐庸作匠朱惠山洪武七年　月　日造"

2. FZB：382，"淮安府海州提调判官刘子实司吏徐庸作匠朱惠山洪武七年　月　日造"

彩版七五　淮安府海州纪年字砖

1. FZB：383，"淮安府海州提调判官刘子实司吏徐庸作匠朱惠山洪武七年　月　日造"

2. FZB：384，"淮安府海州提调判官刘子实司吏徐庸作匠朱惠山洪武七年　月　日造"

彩版七六　淮安府海州纪年字砖

1. FZB：385，"淮安府海州提调判官刘子实司吏徐庸作匠朱惠山洪武七年　月　日造"

2. FZB：386，"淮安府海州提调判官刘子圆司吏徐庸作匠朱惠山洪武七年　月　日造"

彩版七七　淮安府海州纪年字砖

1. FZB：66， "淮安府海州赣榆县提调判官主簿范□司吏王彤□作匠黄窑洪武七年　月　日造"

2. FZB：170， "淮安府海州赣榆县"

彩版七八　淮安府海州赣榆县字砖

1. FZB：80，"淮安府安东县造提调官县丞刘伯钦作头丁成杨遇□洪武七年二月　日"

2. FZB：166，"淮安府安东县提调官县丞刘伯钦吏季荣"

彩版七九　淮安府安东县字砖

1. FZB：174，"淮安府安东县造提调官县丞刘伯钦作头丁成杨圆□洪武七年二月　日"

2. FZB：178，"淮安府安东县造提调官县丞刘伯钦作头丁成杨遇□洪武七年二月　日"

彩版八〇　淮安府安东县纪年字砖

1. FZB：388，"淮安府安东县造提调官县丞刘伯钦作头丁成杨遇□洪武七年二月　日"

2. FZB：389，"淮安府安东县造提调官县丞刘伯钦作头丁成杨遇□洪武七年二月　日"

彩版八一　淮安府安东县纪年字砖

1. FZB：181，"淮安府沭阳县☐调官典史王祯司吏何祥礼作匠孙☐"

2. FZB：392，"淮安府桃源县提调官县丞许☐人匠☐☐☐☐☐年　月　日"

彩版八二　淮安府沭阳县、桃源县字砖

1. FZB：394，"淮安府盐城县提调官卜□作头孙八二囸囸七年　月　日"

2. FZB：78，"［镇江府］丹徒县提调官主簿王谦司吏顾惠义作匠彭万乙"

彩版八三　淮安府盐城县、镇江府丹徒县字砖

1. FZB：81，"镇江府丹徒县提调官主簿王谦圆圉顾惠义作匠王旺一"

2. FZB：168，"圜江府丹徒县提圆官主簿□□司吏顾惠义作匠聂信四"

彩版八四　镇江府丹徒县字砖

1. FZB：393，"镇江府丹徒囗提调官主簿［王谦］司囗顾惠义作囗囗囗"

2. FZB：395，"镇江府丹徒县提调官主簿王谦司吏顾惠义作囗囗囗"

彩版八五　镇江府丹徒县字砖

1. FZB：149，"圌江府金坛县提调官主簿田仁美司吏汤敬作匠中一洪武七年　月　日"

2. FZB：176，"镇江府金坛县提调官主簿田仁美司吏□粮长行昇作匠□□□□□□"

彩版八六　镇江府金坛县字砖

1. FZB：387，"▣江府金坛县提调官主簿田仁▣刘谅司吏汤敬作▣□□洪武七年三月二日"

2. FZB：390，"镇江府金坛县提调官主簿田仁美司吏汤敬作匠屠良洪武七年　月　日"

彩版八七　镇江府金坛县字砖

1. FZB：75，"囯江府丹阳县提调官主簿李伯延司吏郑良工匠王旺诸□洪武七年 月 日"

2. FZB：76，"［镇江府］丹阳县提调官主簿□□司吏郑良作匠王□王□洪武七年 月 日"

彩版八八 镇江府丹阳县字砖

1. FZB：79， "［镇江］府丹阳县提调官主簿□□司吏郑良作匠贺□□洪武七年　月　日"

2. FZB：147， "镇江府丹阳县提调官主簿李伯延司吏郑良作匠□□洪武七年　月　日造"

彩版八九　镇江府丹阳县字砖

1. FZB：167， "镇江府丹阳县提调［官主簿李伯延］司吏郑良［作匠王旺诸□□□］洪武七年　月　日"

2. FZB：452， "镇江府丹阳县提调官主簿李伯延司吏郑良□□洪武□年　月　日"

彩版九〇　镇江府丹阳县字砖

1. FZB：146，"海门县"

2. FZB：165，"海门县"

彩版九一　扬州府海门县字砖

1. FZB：169，"海门圉提调官吏典史郑□□吏□□□□□"

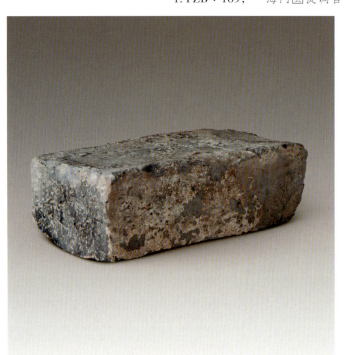

2. FZB：172，"海门县"

彩版九二　扬州府海门县字砖

1. FZB：173，"扬州府海门县提调官监史□□义司吏□□□□□□□□"

2. FZB：391，"扬囲囶海门县提调官典史曹□司吏文□作匠□□王"

彩版九三　扬州府海门县字砖

1. FZB：65， "扬州府通州提调□吏日张鹏举司吏明德亮作匠毛胜监造人吏唐子仁洪武七年　月　日造"

2. FZB：151， "扬州府通州提调官主簿张□□司吏明德亮作匠周江监造人吏唐子仁洪武□月　日造"

彩版九四　扬州府通州字砖

1. FZB：175， "扬州府通州提调官吏□□司吏明德亮作匠□□监造人吏□□洪武□年 月 日"

2. FZB：182， "［扬］州府通州提调官吏□张鹏举司吏明德亮作匠□□监造人吏唐□□洪武七年二月 日造"

彩版九五 扬州府通州字砖

1. FZB：179，"［扬州］府高邮州兴化县造提调官曹□洪武十年　月　日"

2. FZB：180，"扬州府泰兴县提调官主簿周礼司吏王良作匠□□洪武□年　月　日"

彩版九六　扬州府高邮州兴化县、泰兴县字砖

1. FZB：267-2，"安庆府"

2. FZB：307，"安庆府"

彩版九七　安庆府字砖

1. FZB：270，"怀宁县造"

2. FZB：271，"怀宁县造"

彩版九八　安庆府怀宁县字砖

1. FZB：277，"怀宁县造"

2. FZB：305，"怀宁县造"

彩版九九　安庆府怀宁县字砖

1. FZB：268，"安庆府怀宁县井"

2. FZB：281，"安庆怀宁县井"

彩版一〇〇　安庆府怀宁县字砖

1. FZB：304，"安庆府怀宁县造"

2. FZB：449，"安庆府怀宁县"

彩版一〇一　安庆府怀宁县字砖

1. FZB：276，"安庆府桐城县"

2. FZB：278，"桐城县□□"、"安庆府"

彩版一〇二　安庆府桐城县字砖

1. FZB：279，"安庆府桐城县"

2. FZB：269，"安庆府潜山县"

彩版一〇三　安庆府桐城县、潜山县字砖

1. FZB：272，"安庆府潜山县造"

2. FZB：280，"安庆府潜山县造"

彩版一〇四　安庆府潜山县字砖

1. FZB：274，"安庆府宿松县"

2. FZB：308，"安庆府宿松"

彩版一○五　安庆府宿松县字砖

1. FZB：273，"安庆府望江"

2. FZB：303，"安庆府望江圁"

彩版一〇六　安庆府望江县字砖

1. FZB：275，"安庆府太湖县□"

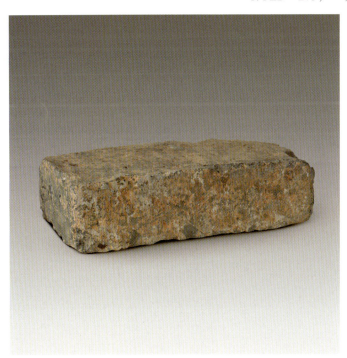

2. FZB：282，"黄州府造"

彩版一〇七　安庆府太湖县、（湖北）黄州府字砖

1. FZB：183，"龙阳县"

2. FZB：184，"龙阳县"

彩版一〇八　（湖南）龙阳县字砖

1. FZB：6，"留守囝左囮百户王成囡旗所□小囮□九军人□"

2. FZB：37，"留守中左所百户包囮总其□□小其□□军人□□"

3. FZB：33，"留守司右千户所百户江□"

彩版一〇九　留守司中左所、右千户所字砖

1. FZB：314，"留守司左千户所百户王保捴（总）其李王小囤□□□"

2. FZB：45，"留守司右所百户王德"

3. FZB：52，"留守司右所百户佘寿"

彩版一一○　留守司左千户所、右所字砖

1. FZB：443，"留守司后所百户陈用"

2. FZB：445，"留守司后所百户魏聚"

3. FZB：447，"留守司后所百□□□"

彩版一一一　留守司后所字砖

1. FZB：48，"留守中右所百户包俊捻（总）其伊宣甫小其朱□□军人江驹□"

2. FZB：62，"留守□中□圃百户王□所洪武十年"

1. FZB：2，"凤阳卫□所百户张俊下捴（总）其倪进张囷其戴旺军□□造"

2. FZB：5，"凤阳卫□所百户赵□捴（总）其李四龙小囷万大军□朱任等造"

3. FZB：9，"凤阳卫□阴百户□□捴（总）其□□小其□□军□□中□"

彩版一一三　凤阳卫□所字砖

1. FZB：13，"圜阳卫□□所百户□俊捴（总）其□甫成小围□□□□□"

2. FZB：17，"圜阳卫□所百户□俊捴（总）其□甫成小围高兴军□□五□造"

3. FZB：23，"凤阳卫□所百户张□下捴（总）其□进张小其□成军安而石造"

彩版一一四　凤阳卫□所字砖

1. FZB：35，"凤阳卫囗所百户朱囗捻（总）其囗信小其杜囗囗军张囗囗造"

2. FZB：42，"凤阳卫囗所百户囷俊捻（总）其张甫成小囷高兴军囗五囗造"

3. FZB：47，"凤阳卫囗所百户囗囗下捻（总）其辛福小其张遇宪囗囷囷造"

彩版一一五　凤阳卫囗所字砖

1. FZB：54，"圆阳卫□所百户□圈□揔（总）其阮进成小其李郎军王□□造"

2. FZB：57，"圆阳卫□所百户张俊下捻（总）其阮进张小其李秋□□侯四造"

3. FZB：322，"圆阳卫□所百户朱成揔（总）其□信小其□□军李□造"

彩版——六　凤阳卫□所字砖

1. FZB：326，"凤阳卫☐所百户成俊下捻（总）其阮进成小其祁淮安☐杨成圀"

2. FZB：327，"凤阳☐☐所百户☐名捻（总）其☐☐☐小其何遇隆☐☐☐圀"

3. FZB：340，"凤阳卫☐所百户张俊捻（总）其张☐成小其祝老☐军肖得成造"

彩版一一七　凤阳卫☐所字砖

1. FZB：341，"圆阳□□□所百户□德捴（总）其囤遇安小其□老儿军□□造"

2. FZB：343，"凤阳卫□所百户赵名捴（总）其马伯贺小其贺成军□□□□"

3. FZB：436，"圆阳卫□所百户□捴（总）其□甫成小其□百彦军□□□□"

彩版一一八　凤阳卫□所字砖

1. FZB：12， "圆阳卫右所百户□□撚（总）其阮进成小其祁淮安军□□□"

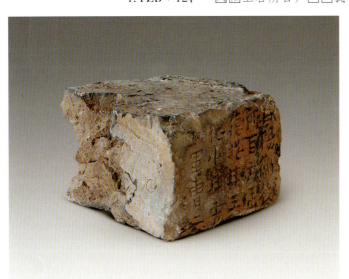

2. FZB：15， "凤阳卫后所百户孟德撚（总）其王德小其曹□军曹三"

3. FZB：22， "凤阳卫后所百户孟德撚（总）其王圖小其孙□军□□"

彩版一一九　凤阳卫右所、后所字砖

1. FZB：50，"凤阳卫后所百户孟德捴（总）其王德小其曹□军曹三"

2. FZB：311，"凤阳卫后所百户孟德捴（总）其王德小其曹□军曹□"

3. FZB：469，"凤阳中卫左千户所监工百户陈聚总（总）旗邬兴砌城二丈八尺四寸南至本所囵户付成北至本所带管百户谷成洪武十七年三月"

彩版一二〇　凤阳卫后所、中卫左千户所字砖

1. FZB：16， "凤阳▢左所百户成俊下捻（总）其阮进成小其祁淮安军杨成造"

2. FZB：44， "圆阳卫左所百户成俊下捻（总）其阮进成小其祁淮安军杨成造"

3. FZB：329， "圆阳卫左所百户张俊捻（总）其张甫成小其同文贵军▢▢▢"

彩版一二一　凤阳卫左所字砖

1. FZB：332，"圆囲囯左所百户成俊下捴（总）其阮进成小其□□军□黄三造"

2. FZB：433，"凤阳卫左所百户张俊下［捴（总）其］阮进张［小其］李秋□□侯四造"

3. FZB：442，"凤阳卫左所百户张俊捴（总）其张甫成小其高兴军马□□□"

彩版一二二　凤阳卫左所字砖

1. FZB：39，"凤阳卫中左所百户钟名下揔（总）其□□小其张进雷王保□□"

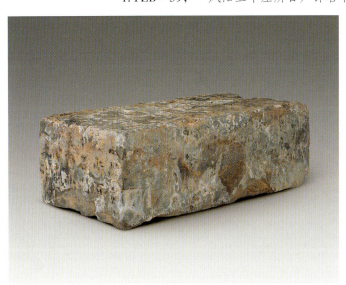

2. FZB：310，"凤阳卫中左所百囗中名揔（总）囗□福小囗□成甫囗人□□造"

3. FZB：313，"圆阳卫囗左所百囗□名揔（总）囗囗福小其□贵军人□□□造"

彩版一二三　凤阳卫中左所字砖

1. FZB：325， "凤阳卫中左所百户舍名揔（总）其囗福小其谭德保囗囗囗囗囗"

2. FZB：330， "圆阳卫中左所百户囗囗下揔（总）其辛福小其谭德宝军囗囗囗"

3. FZB：335， "圆阳卫囷左所百户囗名下揔（总）其辛囷小囷张遇田囗保住造"

彩版一二四　凤阳卫中左所字砖

1. FZB：349，"凤囻卫囲左所百户□□揔（总）其□福小其□贵军人□□□□"

2. FZB：41，"凤阳卫囲右所百囚张□□□甫□小其□安住军□□□造"

3. FZB：59，"凤阳卫中右所百户□成圝（总）圍李元中囚其王□□□□□"

彩版一二五　凤阳卫中左所、中右所字砖

1. FZB：324，"凤阳卫中右所百户张□捻（总）其□□小其□安住军□□□□"

2. FZB：331，"凤阳卫中右所百户庐闰捻（总）其任溃小其蔚士中军人□□造"

3. FZB：333，"圆阳卫中右所百户胡原捻（总）其王德贵小围张敬围□曾□□"

彩版一二六　凤阳卫中右所字砖

1. FZB：348，"凤阳卫中右所百户胡原捻（总）其王德贵小其张敬先军曾□□"

2. FZB：450，"凤阳卫中右所百户解德捻（总）其杨隆小其李三军□□□□"

3. FZB：454，"圆囵卫中右所百户□□捻（总）其□□小其□□军"

彩版一二七　凤阳卫中右所字砖

1. FZB：4，"长淮卫后所百户徐贵军匠陆官保"

2. FZB：14，"长淮卫后囮圄户徐贵军匠倪□"

彩版一二八　长淮卫后所字砖

1. FZB：309，"长淮卫后所百户徐贵军匠范青一"

2. FZB：321，"长淮卫后所百户徐贵军匠范青一"

彩版一二九　长淮卫后所字砖

1. FZB：20，"囹右□百户柯□□（总）旗□□□军张□□□□□"

2. FZB：28，"囹右杨□□捻（总）旗□□小旗□□二军□□造"

1. FZB：60，"怀左权百户熙"

2. FZB：320，"怀后百户谭造"

彩版一三一　怀远卫怀左、怀后字砖

1. FZB：10，"囨前捴（总）其杨□"

2. FZB：46，"怀前赵捴（总）旗造"

3. FZB：319，"怀前祝捴（总）旗造"

彩版一三二　怀远卫怀前字砖

1. FZB：338，"怀前朱捻（总）旗造"

2. FZB：339，"怀前杨捻（总）圃造"

彩版一三三　怀远卫怀前字砖

1. FZB：11，"□□□□圃百户□□捻（总）其□信小其□□德军□□□造"

2. FZB：21，"□所百户郝安捻（总）旗谢荣"

1. FZB：24，"□卫□□所百户□俊捴（总）其□辅成小围祝老□□□得成□"

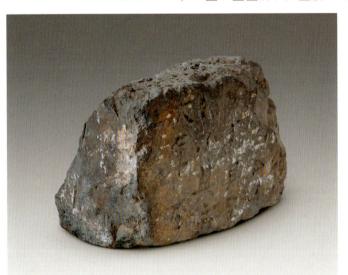

2. FZB：26，"□□卫□阙囿户□□捴（总）其吴□小其□大军李二造"

3. FZB：27，"□□卫□所百户张俊捴（总）其□甫成小其□□□□"

彩版一三五　□卫□所百户字砖

1. FZB：31，"□□囬后阫囿户□□□（总）其王□名小其□四军徐□儿造"

2. FZB：32，"□□卫□所百户□囵捻（总）其□□颜小其贺成军□□一吴"

3. FZB：58，"□□卫□所百户张俊捻（总）其张甫成小其高兴军人□□成□"

彩版一三六　□卫□所百户字砖

1. FZB：1，"捴（总）旗张□"

2. FZB：18，"□□□□□捴（总）其□甫成□□高兴军□□□□"

3. FZB：19，"捴（总）其计昌"

彩版一三七　总旗字砖

1. FZB：30，"捴（总）旗周胜"

2. FZB：51，"捴（总）其张申"

彩版一三八　总旗字砖

1. FZB：315，"捻（总）旗时小旗□"

2. FZB：316，"捴（总）旗史保义"

3. FZB：317，"捻（总）其□忠小其□贵军□□□"

彩版一三九　总旗字砖

1. FZB：318，"捴（总）其赵良□"

2. FZB：323，"捴（总）旗李□小旗郭□"

3. FZB：328，"捴（总）旗黄荣小旗□□"

彩版一四〇 总旗字砖

1. FZB：344，"□（总）旗黄成小旗朱恭□军杨"

2. FZB：351，"圀（总）旗李寿土字二号"

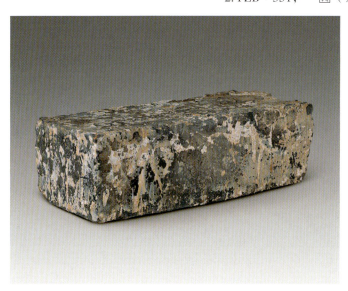

3. FZB：352，"捻（总）旗李小旗李"

彩版一四一　总旗字砖

1. FZB：354，"捴（总）旗计昌"

2. FZB：375，"圈（总）旗丁德土字二号"

彩版一四二　总旗字砖

1. FZB：7，"小旗周军徐大"

2. FZB：40，"小旗周军徐大"

3. FZB：312，"小旗吕军张三"

彩版一四三　小旗字砖

1. FZB：109，"金字七号捻（总）其□□"

2. FZB：111，"金字四"

1. FZB：117，"金字号"

2. FZB：119，"金字十号"

1. FZB：85，"木字五号"

2. FZB：91，"木字九号"

彩版一四六　木字号字砖

1. FZB：133，"木字一号"

2. FZB：366，"贰木号"

3. FZB：373，"木字九号"

彩版一四七　木字号字砖

1. FZB：94，"水号叁"

2. FZB：104，"水九号"

彩版一四八　水字号字砖

1. FZB：110，"水八号"

2. FZB：129，"水字三号"

彩版一四九　水字号字砖

1. FZB：355，"叁水号"

2. FZB：359，"水五号"

彩版一五〇　水字号字砖

1. FZB：361，"水字七号"

2. FZB：363，"水字六号"

彩版一五一　水字号字砖

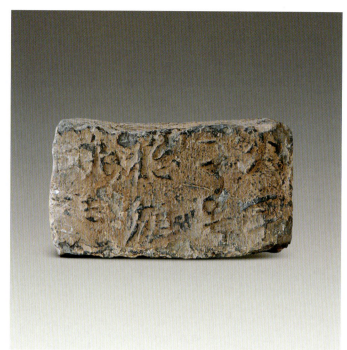

1. FZB：25，"火字二号捻（总）旗□造"

2. FZB：34，"火字二号捻（总）旗□□"

彩版一五二　火字号字砖

1. FZB：97，"火字四号捻（总）旗曹清"

2. FZB：134，"火字一号捻（总）旗赵□"

彩版一五三　火字号字砖

1. FZB：106，"火四"

2. FZB：107，"火四"

彩版一五四　火字号字砖

1. FZB：131，"火四"

2. FZB：356，"火四"

彩版一五五　火字号字砖

1. FZB：360，"火字四号"

2. FZB：462，"火字四号圈（总）旗□先"

1. FZB：358，"火字伍号捻（总）旗徐帖木"

2. FZB：345，"火字七号捻（总）旗安山"

1. FZB：370，"火字七号捻（总）旗□□"

2. FZB：362，"火字九号"

3. FZB：378，"火字九号"

彩版一五八　火字号字砖

1. FZB：3，"土字四号揔（总）旗□义"

2. FZB：86，"土字二号惢（总）其王直"

3. FZB：89，"土字三号揔（总）旗□□"

彩版一五九　土字号字砖

1. FZB：93，"捴（总）旗沈得土字七号"

2. FZB：113，"土圈四号捴（总）旗节义"

3. FZB：116，"土字五号"

彩版一六〇　土字号字砖

1. FZB：353，"温字号"

2. FZB：87，"良字号"

3. FZB：102，"恭字号"

彩版一六一　温字号、良字号、恭字号字砖

1. FZB：126，"恭字号"

2. FZB：130，"恭字号"

3. FZB：368，"恭字号"

彩版一六二　恭字号字砖

1. FZB：101，"让字号"

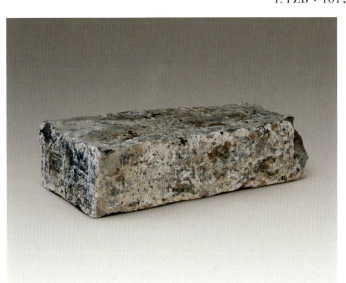 

2. FZB：98，"仁一"

3. FZB：466，仁一"

彩版一六三　让字号、仁字号字砖

1. FZB：465，"仁二"

2. FZB：446，"仁字号"

3. FZB：137，"智二"

彩版一六四　仁字号、智字号字砖

1. FZB：367，"义字号"

2. FZB：439，"义二"

3. FZB：458，"义字号"

彩版一六五　义字号字砖

1. FZB：92，"夏字二号"

2. FZB：365，"夏字二号"

1. FZB：127，"秋字二号"

2. FZB：88，"秋字三号"

3. FZB：448，"乐字号"

彩版一六七　秋字号、乐字号字砖

1. FZB：118，"玄号"

2. FZB：122，"玄字一号"

3. FZB：456，"玄字一号"

彩版一六八　玄字号字砖

1. FZB：123，"玄字二号"

2. FZB：124，"玄字二号"

3. FZB：128，"玄二号"

彩版一六九　玄字号字砖

1. FZB：103，"玄伍号"

2. FZB：112，"玄六号"

1. FZB：136，"中"

2. FZB：444，"中二"

1. FZB：90，"戊字一号"

2. FZB：96，"戊字一号"

3. FZB：125，"戊字一号"

彩版一七二　戊字号字砖

1. FZB：105，"二号"

2. FZB：121，"数字"

彩版一七三　数字号字砖

1. FZB：115，"第四号"

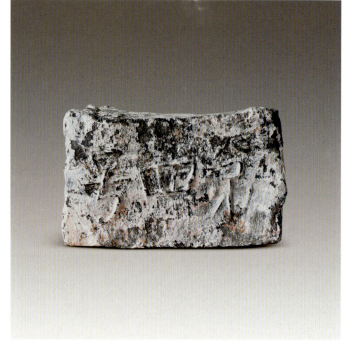

2. FZB：120，"第四号"

彩版一七四　数字号字砖

1. FZB：95，"五号"

2. FZB：99，"伍号"

3. FZB：135，"五"

彩版一七五　数字号字砖

1. FZB：67，"囷武四年均工造"

2. FZB：346，"□□府□□县均工夫役砖"

彩版一七六　均工夫字砖

1. FZB：364，"明字二号"

2. FZB：372，"商字一号"

彩版一七七　明字号、商字号字砖

1. FZB：145，"王三"

2. FZB：379，"陈制"

3. FZB：376，"三财"

彩版一七八　人名字砖

1. FZB：139，“正平里”

2. FZB：377，“正平”

彩版一七九　地名字砖

1. FZB：74，"五年"

2. FZB：70，"洪武七年　月　日"

彩版一八〇　单一纪年字砖

1. FZB：140，"天下太平"

2. FZB：401，"此卿（向）八脚砖"

彩版一八一　吉祥语、工程界限指向字砖

1. FZB：138，"行何时　2m"

2. FZB：143，"粮砖"

彩版一八二　记事字砖

1. FZB：142，"□□□□"

2. FZB：144-1，"我（或龙？）"

彩版一八三　草书字砖

1. FZB：374，"包山砖"

2. FZB：467，图案为圆圈形（似钱文）

彩版一八四　草书字砖、花纹字砖